U0024182

別讓心態害了你

玩一場扭轉局勢的腦筋急轉彎

章岩 著

別讓心態害了你——目錄

上篇 認識心態，管理好你的情緒

中篇
修煉心態，做內心強大的自己

別讓心態害了你——目錄

下篇

保持積極心態，要成功，更要幸福感

別讓心態害了你——目錄

第九章　成功人士的八種心態／283

前言

哲人說：你的心態就是你真正的主人。

偉人說：要麼你去駕馭生命，要麼是生命駕馭你。你的心態決定誰是坐騎，誰是騎師。

藝術家說：你不能延長生命的長度，但你可以擴展它的寬度；你不能改變天氣，但你可以左右自己的心情；你不可以控制環境，但你可以調整自己的心態。

佛說：物隨心轉，境由心造，煩惱皆由心生。

狄更斯說：一個健全的心態比一百種智慧更有力量。

愛默生說：一個朝著自己目標永遠前進的人，整個世界都會給他讓路。

可見，一個人有什麼樣的心態，就會擁有什麼樣的生活，這是毋庸置疑的——就像做生意，你投入越大，將來獲得的利潤也就越多。

其實，人的心態無非有兩種，一種是積極的心態，一種是消極的心態。而積極與消極之間的距離可以說很小，小到只在一念之間，但結果的差異卻十分巨大，這個差距就是成功與

失敗的差距。積極的心態會讓你變得越來越優秀，越來越成功；消極的心態則會讓你變得越來越頹廢，越來越失敗……

那麼，當你被困惑、爭執、消極心態包圍時，如何嘗試解脫或改變，引爆內心積極的心態呢？

當你感覺不堪忍受的時候，當你因那些無法掌控的事情感到憤怒的時候，你又能做些什麼迅速地把自己從壞情緒的泥淖中拉出來，並學會從憤怒中獲益呢？

過去的一切不能決定你的現在，更不能決定你的未來。

將自己放小，世界就會變大。從現在起，張開虛心的耳朵去聆聽，敞開包容的心靈去接納，隨時倒空心靈茶杯中的茶水，用好心態，去迎接人生新的可能，並不斷裝下新的歡喜與感動。

本書在世界知名的企業家、政治領袖、藝術家等成功人士的成功經驗基礎之上，總結出了最著名的成功情緒管理和最幸福的心態模式。

書中道理通俗易懂，語言睿智幽默，讀來讓人耳目一新。通過閱讀本書，你可以嘗試從痛苦、挫折、煩躁、失敗、困頓的生活中解脫出來，走向成功，收穫幸福！

上篇

認識心態
管理好你的情緒

情緒是個很奇妙的東西。當我們被情緒困擾時，如果不能及時地跳出它的陷阱，就會一直受它影響，這樣一來，它給我們帶來的消極影響將十分巨大。當然，這種影響是在不知不覺中進行的，所以，正視情緒問題對我們每一個人來說都十分重要。

第一章 心態如何急轉彎？

1／壞情緒會導致身體的負能量

有關研究表明：一個人如果在精神上遭受重大的創傷或打擊，即使心理調整得好，平均也要縮短壽命一年；如果惱怒超過半年不減，大約要縮短壽命二到三年。

從中醫學的角度來講，人的精神心理活動與肝臟的功能有關。當人受到精神刺激造成心情不暢、精神抑鬱時，會影響肝臟功能的正常發揮。肝氣不舒則急躁易怒、情緒激動，有時就會使人做出一些不理智的事情。另外，肝臟通過調節氣息輔助脾胃消化，肝氣鬱結則氣息不利、不思飲食。

而西醫是用實驗說明的。美國生理學家愛爾馬曾做過一個實驗：把一支玻璃管插在正好是零度的冰水混合容器裏，然後收集人們在不同情緒狀態下的「氣水」，描繪出人生氣的「心理地圖」。實驗發現，當人們心平氣和時，冰水混合物裏雜質很少；生氣時則有紫色沉澱。愛爾馬把人在生氣時呼出的「生氣水」注射到大白鼠身上，幾分鐘後，大白鼠就死了。

由此分析，人生氣時的生理反應十分強烈，分泌物比任何時候都複雜，且更具毒性。所以，人體很多不良症狀或者疾病的發生，都與自身的情緒變化有關。

王娜最近總覺得胸部疼痛，尤其是經期前的那幾天，胸部一碰就疼，心情也莫名地煩躁。這天，她公司附近一家美容院開業，優惠酬賓，同事看到後就拉著她一起去美容院體驗體驗。

做精油按摩的時候，美容師一碰到她的胸，王娜就喊疼。美容師用清油輕輕推拿，並跟她聊起天來。「你是不是最近經常跟老公吵架啊，你的乳腺增生挺明顯的。」

王娜被說得不好意思，只能訕訕地說：「是啊，最近總覺得胸部疼痛。」旁邊的同事聽到她們的對話，就說：「我也是呢，這病啊，多半都是被氣出來的。年前我去醫院檢查，醫生說我有乳腺增生，還好不太嚴重，醫生說吃點藥就好了，關鍵是要放鬆心情，少生氣。你也去看看吧，這病嚴重了有可能致癌呢。」

同事的話，讓王娜的心咯噔一下收緊了。

這段時間，丈夫的弟弟要買房，一開口就要借十萬。丈夫礙於兄弟情面，覺得應該幫助，可是這麼一大筆錢拿出去，會給家裏造成很大影響。他們還計畫給女兒買鋼琴，還想買車代步，這下子，所有計劃都亂了。為了這件事，這幾個月

夫妻倆沒少吵架，王娜氣得已經快一個月沒給老公好臉色了。可她沒想到，自己生氣的時候，居然身體也跟著不健康了。

我們常聽說一個詞：氣結——氣不暢通就會鬱結於胸，最後形成腫塊，帶來疼痛。所以，中醫學中有這樣一句話：通則不痛，痛則不通。更通俗的解釋則是：氣憤、壓抑、悶悶不樂等精神因素會對人體的生理機能產生影響。

很多人覺得自己的身體沒有毛病，不生病，就是健康的。事實並非如此，積壓在內心的小情緒往往會導致身體處於亞健康狀態。

下面，我們來一起識別一下亞健康的信號：

信號一：感覺眼睛發酸、乾澀，看起來沒「電力」

你感覺眼睛酸痛、發脹、乾澀、視力模糊，別人看你也覺得眼睛無神，「電眼」魅力不再，這就是疲勞導致的結果。

眼睛是一個很耗氣血的器官，中醫說「五臟六腑之精氣皆注於目」，使眼睛發揮「看」的功能。看得久了，氣血損耗，眼睛的各種功能包括調節、潤滑、視物等都會減弱。

給眼睛充電：閉上眼，在眼周穴位按摩五分鐘，再睜開眼時，你會感覺眼睛明亮許多。或者，閉目，將雙手掌心搓熱，然後按在眼皮上，不斷反覆，五分鐘後也會有同樣的效果。

信號二：咽喉痛，聲音沙啞，聽上去老了五歲

咽喉出現燒灼般的疼痛感，吃東西時感覺尤其嚴重，不僅說話費勁，聲音聽起來還有點沙啞。有這些狀況的你一定是累了。百分之九十的咽痛起源於喉部組織的感染，經常爲病毒感染。

勞累時，體內的細胞免疫功能低下，血液中的細胞錯誤地接受了病毒，感染就在離外界最近的器官——咽喉出現了。當然，環境乾燥、過度用嗓、抽煙喝酒等也起了一點推波助瀾的壞作用。

潤喉利咽一下：用一個小熱水袋熱敷喉嚨，可以促進血液循環，減輕疼痛。每隔幾小時，用一杯溫水加半匙海鹽或一片維生素C漱口，有消炎的作用。如果方便，可以再喝一杯優酪乳。優酪乳中含有嗜酸乳桿菌，是體內的良性菌，可以消滅病毒。

信號三：頭暈頭痛，總是一副愁容

最近經常頭痛，看起來總是一副雙眉緊鎖的愁容，如果屬於無病因的頭痛，很可能就是疲勞導致的。

當你感到疲勞時，精神緊張、情緒焦慮等不良症狀往往已經有一段時間了。

大腦是神經最集中的部分，緊張時神經會呈現興奮狀態，需要血液、氧氣補充，長期緊

張興奮，大腦會出現供血不足的狀況，造成神經性頭痛。

給神經充電：雙手食指或中指按在太陽穴部位，反覆以順時針和逆時針方向按摩五分鐘，可馬上緩解疼痛。

其實，更重要的是去除疼痛源，這樣才能治本。無論是緊張還是有壓力，皆因過不了自己這一關，都放下又能怎樣？人生做不成的事有很多，健康才是第一位的。

信號四：肩頸部發僵，動作像機器人

感覺脖子、肩膀僵硬，頭部維持在一個姿勢不敢活動，像個機器人，這說明你的頸椎嚴重過勞了。

頸椎、韌帶、肌肉間是一個穩定的結構，長期保持一個姿勢，頸椎會退化，韌帶會鬆弛，肌肉會痙攣，造成頸椎疲勞，擴散到肩頸部，就出現了僵硬、麻木的症狀。

放鬆肩頸：降低電腦桌的高度，不宜高於七十釐米，這樣可以保證頸椎的自然彎曲，並放鬆頸部肌肉。同時，還要調整坐姿，讓肩胛骨靠在椅背上，雙肩放鬆，下巴抬起不要靠近脖子。

另外，每隔一小時休息五到十分鐘，做頸椎保健操，包括頸椎前伸後仰、左右擺動、順逆時針環繞六個動作。

信號五：食量大增，你的外號改叫「大胃王」

這兩天食量突然增加，特別喜歡高糖和厚味食物，午餐必加一道甜點才能滿足。這是爲什麼呢？

疲憊者特別愛吃甜點等碳水化合物，可能是因爲此類食物能快速塡飽肚子；另一方面，疲勞也會降低自控力，讓你更多地選擇愛吃的巧克力而非不喜歡的胡蘿蔔；而且，勞累會擾亂體內血糖水準，導致身體產生更少的抑制食欲的激素和更多的刺激食欲的激素，造成過量飲食。

營養補給站：吃一點甜味水果吧，例如藍莓、櫻桃、石榴、草莓等。它們一樣很甜，且比甜食更好：充滿水分，可以幫助身體補水；富含維生素，讓體內的營養更均衡；含抗氧化物，避免疲勞把你變得衰老。

信號六：記憶力下降，同事都笑你「老了」

曾經，客戶資料在你的大腦中存檔，隨用隨取，可最近，幹什麼都得拿著記事本——腦力下降，最大的可能是腦疲勞。

血液是大腦的營養來源，當長期飽食、吸煙、在污濁的空氣中工作、持續感覺緊張和壓力時，大腦得不到充足的營養供應，腦細胞就會產生疲勞感，使你記不住事，注意力不集中。

給大腦充電：早餐吃個蘋果。早晨醒來時大腦最缺乏營養，所以要吃一頓豐富的早餐為大腦補充能量，蘋果是個不錯的選擇。美國研究人員發現，蘋果能增加大腦神經傳遞素——乙醯膽鹼的含量，提高記憶力。

信號七：一點小事也生氣，人際關係有些緊張

近期你有點焦躁，為了一點小事就發脾氣，大家都不敢惹你了。這可能是疲勞引起的。疲憊的大腦會儲存更多的消極記憶，我們疲累的時候更容易悶悶不樂，科學家甚至認為，疲倦者的行為表現與抑鬱症患者非常相似。

滋養情緒：喝一杯玫瑰花茶。玫瑰的香氣可以解憂，幫你忘記煩惱。同時，玫瑰有活血、通絡的作用，能促進血液運行，增加大腦血液供應，恢復大腦的活力。如果再加一點綠茶，抗疲勞、抗氧化的作用就更好了。

信號八：關節疼痛，手指有點僵。

早晨起來手指關節發硬，活動或按壓關節時有疼痛感，這可能是疲勞導致的關節炎。關節長期勞損，加上夜晚溫度低、濕氣重，早晨就會疼痛。

給關節充電：用紅花煎水泡十分鐘，或熱毛巾敷一下就好了。最關鍵的是，工作中要經常做手指放鬆操，這有助於緩解關節疲勞。

信號九：口氣不好，你說話時別人都側著臉。

這兩天說話時，別人都有躲閃的表情，後來自己也發現了：口氣不太好。

如果你定期洗牙，那應該和牙周病無關，可能是最近太累了。身體勞累時，體內器官功能也會減弱，例如消化不良，食物鬱積在腸胃，此時發出的口氣一般是食物發酵後的怪怪的酸腐氣味。

給腸胃減負：吃兩天素食，即使不能完全吃素，也儘量在飲食中多吃蔬菜。大豆、蔬菜、水果等食物可以保持血液呈弱鹼性，減少血液中乳酸、尿素等酸性物質，讓體味清淡。勞累時尤其要少吃肉、多吃菜。

信號十：睡醒了還睏，看起來沒精神。

昨晚睡滿了八小時，但早晨起來還是覺得睏，人看起來也沒精神。幾乎所有疲勞人群都經歷過漫長的試圖睡而不成眠、翻來倒去的夢境、不解乏的睡眠過程。

這是因爲當大腦疲勞時，神經已經興奮太久，甚至出現了功能紊亂，在進入睡眠時，神經不能放鬆，依舊在混亂狀態，腦力自然不能恢復。

給睡眠充電：解決睡眠焦慮。很多時候睡不著是因爲心裏有根弦一直繃著，放鬆不下來。聽聽音樂吧，把你的手機或音樂播放機放在枕頭邊，下載一個助眠軟體，你就能在自己

喜歡的海浪或雨聲中入眠了。

不要以爲自己的身體很結實，能耐得住情緒的長期「折磨」。人的健康有時候就像嬰兒一樣，需要精心的呵護和保養，否則，等到自己的健康「生病」的時候，你都無法預料它會對你的身體造成怎樣的危害。

2／不同的認知產生不同的情緒

一位在酒店行業摸爬滾打了多年的成功人士說：「一個人不見得有比使他傷腦筋更大的事。在經營飯店的過程中，幾乎天天會發生能把你氣得半死的事。當我在為生計經營飯店而必須與人打交道的時候，我心中總是牢記著兩件事情：一是絕不能讓別人的劣勢戰勝你的優勢；二是每當事情出了差錯，或者某人真的使你生氣了，你不僅不能大發雷霆，還要十分鎮靜，這樣做對你的身心健康是大有好處的。」

一位商界精英說：「在我與別人共同工作的過程中，我多少學到了一些東西，其中之一就是，絕不要對一個人喊叫，除非他離得太遠，不喊他就聽不見；即使那樣，你也得確保他能明白你為什麼對他喊叫。對人喊叫在任何時候都是沒有意義的，這是我的經驗。喊叫只能製造不必要的煩惱。」

從上面兩位的話中，我們可以看出控制住自己的情緒對於一個人辦事有多麼大的影響。所以，如果現在你覺得自己還不能很好地掌控自己的情緒，而你又想把事情辦得盡善盡美，那麼就多多留意，從控制自己的情緒做起。

一切的情緒都來自於我們自身，我們自己才是情緒的創造者。任何時候，我們都可以創造自己想要的感受，去體驗期望中的情緒。

在情緒面前，你可以做出選擇。

許多事情，從不同的詮釋角度來看，所產生的情緒效果就會完全不一樣，畢竟不是所有的事情都能得到我們所想要的結果。

3／聰明人要學會掌控情緒

情緒是個很奇妙的東西。當我們被情緒困擾時，如果不能及時地跳出它的陷阱，那就會一直被它影響，這樣一來，它給我們帶來的消極影響將十分巨大。當然，這種影響是在不知不覺中進行的，所以，正視情緒問題對我們每一個人來說都十分重要。

有一位老太太，她有一只祖傳三代的上等玉鐲子，她每天都要把它擦了又擦，看了又看，總是愛不釋手。一天，她不小心把玉鐲子掉在了地上，摔碎了。老太太心痛萬分，從此茶飯不思，人也變得越來越憔悴。時隔一年，她離開了人世。據說最後咽氣時，她手裏還緊緊握著那只破碎的玉鐲子。

最新科學實驗證明，癲狂症、胃腸疾病、高血壓症、冠心病及乳腺癌等，都與人的情緒有直接的關係，有的則完全是由於強烈的情緒波動引起的。

美國密西根大學心理學家的一項研究發現，一般人的一生平均有百分之三十的時間處於情緒不佳的狀態，因此，人們常常需要與那些消極情緒作鬥爭。

也許有些人還沒有對情緒問題給予足夠的重視，但不可否認的是，情緒一直在作用於我們的生活。街頭幾個菜販因爲搶佔地盤不惜大動干戈，操起扁擔就打了起來；公車上因爲某某不小心踩了誰一腳，便有了罵爹罵娘的聲音；考場上因爲緊張而出現情緒失控，導致場面陷入混亂；家庭內部的胡亂猜疑，使得糾紛頻頻發生；因爲衝動，世間留下了許多悔恨不已的故事……

每個人都不可避免地會產生情緒，但因爲面對問題的心態和處理的方法不一樣，所產生的結果也呈現出了天壤之別。

實際上，即使我們有痛苦的情緒，也完全不必把它當成敵人看待，其實它們是在告訴你一個資訊：你有些地方需要改一改。如果你能運用這些資訊對自己進行調整、改變，你就能更好地掌握自己的人生。

例如，你在臺上發表演講時產生了緊張情緒，這是在告訴你必須改變內心的緊張心理。如果你做到了這一點，那麼在日後的過程中，你就不會再爲它所控制。別以爲一切都無法改變，只要你想，就會有辦法。

學會掌控情緒，你將享受到人生的精彩；相反，若你總是被情緒拖著走，那麼，你應該明白，情緒化的人往往無法戰勝自我，更不可能取得事業、愛情上的成功。

一個星期六的上午，湯姆去會見某知名公司的部門主管，約見地點是對方的辦公室。部門主管事先說明他們的談話會被打斷二十分鐘，因為他約了一個房地產經紀人，他們之間關於該公司遷入新辦公室的合同就差簽字了。

由於只是個簽字的手續，部門主管允許湯姆在場。

後來，那位房地產經紀人帶來了平面圖和預算，很明顯，他已經說服了他的顧客。就在已經穩操勝券的時候，這位經紀人卻出人意料地做了一件蠢事。

這位房地產經紀人最近剛剛與這家知名公司主管的主要競爭對手簽了租房合同。他大概是太興奮了，仍然陶醉在自己的成功之中，竟然向這名主管詳細描述了一番那筆買賣是如何做成的，並熱烈讚美了那個「競爭對手」的優秀之處，稱讚其有眼力，很明智地租用了他的房子。湯姆當時猜想，接下去，他就該恭維這位公司主管也做出了同樣的決策了。

可是不一會兒，公司主管站了起來，感謝那位房地產經紀人做了那麼多介紹，然後說他暫時還不想搬家。

房地產經紀人一下子傻眼了。當他走到門口時，主管在後面說：「順便提一下，我們公司的工作最近有一些創意，形勢很好，不過這可不是踩著別人的腳印走出來的。」

或許在那個時候，房地產經紀人才意識到自己在關鍵時刻忘了控制得意的情緒，只顧著陶醉於自己已取得的推銷成果，而忽略了買方也有其做出正確抉擇的驕傲。這就是在辦事時不會控制情緒的結果。

良好的情緒可以成爲事業和生活的動力，而惡劣的情緒則會對身心健康產生破壞作用。因此，把自己的情緒昇華到有利於個人社會的高度，乃是明智的良策。在情緒易於劇烈波動的時刻，你應該保持清醒的頭腦，嚴防偏激情緒的爆發。人的情緒和其他一切心理過程一樣，是受大腦皮層的調節和控制的，這就決定了人是能夠有意識地控制和調節自己情緒的，可以理智駕馭情緒，做情緒的主人。

如何學會自制呢？最好的辦法就是經常將自己放在別人的位置上想想。有時，自己被激怒並不是對方故意爲之，而是無意的行爲。這種時候，如果不控制自己，任由感情爆發，結果肯定不怎麼如意。

4／面對負面情緒要理智

無論是哪種負面情緒，都是由具體的原因引起的。找到引起消極情緒的原因，對解決情緒問題幫助很大。

問問自己，是什麼問題引起了自己的消極情緒？是不是因爲工作壓力太大？是不是因爲人際關係沒搞好？是不是因爲經濟出現了困難？可以把可能的原因都寫下來，然後自我分析一下，找出哪種原因是最根本和作用最大的。找到問題所在之後，就要想辦法解決問題。

出現消極情緒後，重要的是給情緒一個表達的機會。情緒得到表達，是最好的調節方式。但怎麼表達情緒呢？以前曾一度流行通過發洩的方式來表達情緒，即使現在，在某些城市還存在「發洩吧」之類的場所，意在通過發洩的方式，比如摔東西、打橡皮人等，達到表達情緒的目的。但隨著心理學研究的進展，人們發現這種方法效果並不理想，反倒有些負面的作用，比如，可能誘導當事人的攻擊性等。

最新的心理學研究結果推薦「冷卻式」的情緒調節方法。也就是說，在遇到某種消極情

緒時，要「冷卻」一下，給自己留出一點時間，然後再考慮如何對待情緒、處理問題，比如，對自己說「睡一覺再說」，或者「等明天再處理吧」。這樣「冷卻」一段時間後，消極情緒常常可以得到更好的處理，甚至可以自然消失。

有些時候，情緒是由一些客觀的、無法改變的因素引起的。這種情況下，不妨告訴自己，既然環境、事實、客觀實際沒法改變，不妨改變自己對這些問題的看法。

這時，你可以先分析一下自己對問題本身的看法，分析一下自己的看法到底是否科學，是不是有更好的看法來代替，等等。可以把自己原來的看法和更科學的看法都寫下來，這樣便於分析。

面對消極情緒時，還有一些技巧可幫助你暫時把消極情緒扭轉，使你避免受到傷害。不過，有些調節方法比較積極，可以起到治本之效；而有的方法比較消極，治標不治本。比如，你在某一方面失敗了，不要老是掛念著失敗，想一想自己在哪些方面還可以取得成績，然後就向這些方面加以努力；當然，還可用意志去壓抑不良情緒，告訴自己要堅強；或者用轉移法，如失戀時，可以選擇去旅遊散心，也可以與朋友聊天傾訴。

這些方法都是積極的。但很多人在遇到不良情緒時，會採取消極的應對方法，迴避、否認存在的問題。

比如，「吃不到葡萄說葡萄酸」的自我安慰，可以暫時緩解情緒，短時間內有保護作用；還比如，採取喝酒、猛抽煙、長時間上網或打電動等方式逃避不良情緒。這些方式屬於不健康的生活方式，如依賴它們來解決問題，只會把你從一個泥潭帶進另一個泥潭中。

出現消極情緒後，你可以把自己對情緒的反應寫下來，看自己採取了哪些應對方式，是積極的還是消極的。如果是消極的，問問自己可以用哪些更積極的方式來取代它。

面對消極情緒時，你要理智，不要反應過於強烈。可以問問自己，這種消極的情緒對日常生活、學習、工作到底有沒有造成影響？如果沒有造成影響，則不必過於關注，可以順其自然，沒必要去特地處理。如果消極情緒持續一個星期以上，那就應該引起注意，可找專業的諮詢師進行諮詢。

5／高情商者善於管理消極情緒

上世紀九〇年代，心理學家提出了「情商」的概念。它不同於「智商」，智商衡量的是一個人的智力水準，而情商表現的是一個人調節管理其情緒的能力。

研究表明，情商與智商有著同等重要的意義。情商越高，面對消極情緒時，自我的調節能力就越強。那麼，如何培養情商呢？

很多學校只注重教授知識，而不教學生心理調節能力，對情商的關注不夠。其實，所謂的情商教育，也就是人們常說的挫折教育，教育人們如何對待人生，如何對待人生中遇到的挫折，如何對待生活中遇到的各種消極情緒。

高情商者善於從自省中找到屬於自己的那一套消極情緒管理法。

「視網膜效應」——自省需要克服思維慣性

當我們自己擁有一件東西或一項特徵時，我們就會比平常人更會注意到別人是否跟我們一樣具備這種特徵。這種現象在心理學上叫做「視網膜效應」。卡內基先生很久以前就提出了一個論點，那就是每個人的特質中大約有百分之八十是優點，而百分之二十左右是缺點。當一個人只知道自己的缺點是什麼，而不知發掘優點時，「視網膜效應」就會促使這個人發現他身邊也有許多人擁有類似的缺點，進而使得他的人際關係無法改善，生活也不快樂。

唐太宗的「戒奢屏」——下屬應時時勸誡上級

貞觀十三年，唐太宗漸漸露出了「頗好奢縱」的苗頭。被他譽為「可以明得失」的一面鏡子的魏徵，專門上了一本《十漸不克終疏》奏疏，唐太宗「反覆研導，深覺詞強理直，遂列為屏障」。這一寫有魏徵奏疏全文的「戒奢屏」，唐太宗「朝夕瞻仰」，時刻提醒自己「聞過能改，庶幾克終善事」。

托爾斯泰反省缺點——自省使人從逆境中走出

托爾斯泰十五歲讀大學文科班時，曾經接連兩個學年考試不及格，無法畢業，只得退學回家。但他沒有因此沉淪，而是認真思索、反省，把自己的各種缺點詳細地寫在日記本上，隨時對照檢查。從此，他的生活發生了很大的轉變。

課桌上的「早」字——要善於用失敗經驗提醒自己

魯迅有一天上學遲到了，十分難過，決意以後要早點。爲了時刻提醒自己，他在桌子上面刻了一個「早」字。這個「早」字刻得方方正正，每一筆都刻得深深的。由於有了「警鐘」，魯迅以後一直沒有遲到過。

諸葛亮自降三級——善於自省才有威信

三國時，蜀國與魏國在街亭作戰，諸葛亮派馬謖爲先鋒。沒料到馬謖違背諸葛亮的作戰部署，致使蜀軍大敗。諸葛亮將馬謖下獄以明軍紀，並上書君王，引咎自責，說：「我以弱小的才能，受到君主的信任，得以統帥三軍，由於我治軍法度不嚴明，做事不夠謹慎，出現了街亭失守的敗局。這個責任，在我用人不當、知人不夠，所以我情願降三級以記住這個教訓。」

曾子一日三省——自省使人不斷進步

據《論語》記載，曾子曾說：「吾日三省吾身——爲人謀而不忠乎？與朋友交而不信乎？傳不習乎？」

曾子是孔子的學生，他這句話的意思是：「我每天都要多次自我反省：替別人謀劃事情，盡了心沒有？與朋友交往，有沒有不誠實的地方？老師傳授的知識有沒有實踐？」

這句話表明了反省對於個人進步的重要作用。我們在生活中總是難免會有這樣那樣的缺點，但是，如果我們能像曾子這樣經常審視自己的行爲，思想，防微杜漸，不斷糾正自己的錯誤，克服自己的缺點，久而久之，一些不良的習慣以及性格中的某些弱點、缺點就能及時清除掉，同時，也能在自己的思想和行爲中形成良好的修養，從而確保自己健康成長。

6／情緒測試：你是否經常受情緒的影響？

1 看到自己最近一次拍的照片，你有何想法？
(A)覺得不稱心 (B)覺得很好 (C)覺得可以

2 你是否想到若干年後會有什麼使自己極為不安的事？
(A)經常想到 (B)從來沒有想過 (C)偶爾想到過

3 你是否被朋友、同事或同學起過綽號，挖苦過？
(A)常有的事 (B)從來沒有 (C)偶爾有過

4 上床以後，你是否經常再起來一次，看看門窗、廁所的燈關好沒有？
(A)經常如此 (B)從不如此 (C)偶爾如此

5 你對與你關係最密切的人是否滿意？
(A)不滿意 (B)非常滿意 (C)基本滿意

6 半夜的時候，你是否經常有覺得害怕的事？

（A）經常　（B）從來沒有　（C）偶爾有這種情況

7 你是否經常因夢見什麼可怕的事而驚醒？

（A）經常　（B）沒有　（C）偶爾

8 你是否曾經有多次做同一個夢的情況？

（A）有　（B）沒有　（C）記不清

9 有沒有一種食物使你吃後嘔吐？

（A）有　（B）沒有　（C）不清楚

10 除去看見的世界，你心裏有沒有另外的世界？

（A）有　（B）沒有　（C）記不清

11 你是否時常覺得不是現在的父母所生？

（A）時常　（B）沒有　（C）偶爾有

12 你是否覺得有人愛你或尊重你？

（A）是　（B）否　（C）說不清

13 你是否常常覺得你的家庭對你不好，但是你其實清楚他們的確對你很好？

（A）是　（B）否　（C）偶爾

14 你是否覺得沒有百分之八十瞭解你的人？

（A）是　（B）否　（C）說不清楚

15 你在早晨起來的時候最經常的感覺是什麼？
(A)憂鬱 (B)快樂 (C)講不清楚

16 每到秋天，你的感覺是什麼？
(A)秋雨霏霏或枯葉遍地 (B)秋高氣爽或豔陽天 (C)不清楚

17 你在高處的時候，是否覺得站不穩？
(A)是 (B)否 (C)有時是這樣

18 你平時是否覺得自己很強健？
(A)是 (B)否 (C)不清楚

19 你是否一回家就立刻把房門關上？
(A)是 (B)否 (C)不清楚

20 坐在小房間裏把門關上後，你是否覺得心裏不安？
(A)是 (B)否 (C)偶爾

21 當一件事需要你做決定時，你是否覺得很困難？
(A)是 (B)否 (C)偶爾

22 你是否常常用拋硬幣、翻紙牌、抽籤之類的遊戲來測吉凶？
(A)是 (B)否 (C)偶爾

23 你是否常常因為碰到東西而跌倒？
(A)是 (B)否 (C)偶爾

24 你是否需要一個多小時才能入睡，或醒得比你希望的早一個小時？
(A)經常這樣 (B)從不這樣 (C)偶爾這樣

25 你是否曾看到、聽到或感覺到別人覺察不到的東西？
(A)經常這樣 (B)從不這樣 (C)偶爾這樣

26 你是否覺得自己有超乎常人的能力？
(A)是 (B)否 (C)不清楚

27 你是否曾經覺得因有人跟著你走而心裏不安？
(A)是 (B)否 (C)不清楚

28 你是否覺得有人在注意你的言行？
(A)是 (B)否 (C)不清楚

29 一個人走夜路時，是否覺得前面暗藏著危險？
(A)是 (B)否 (C)偶爾

30 你對別人自殺有什麼想法？
(A)可以理解 (B)不可思議 (C)不清楚

以上各題的答案，選A得二分，選B得〇分，選C得一分。把你的得分加起來，算出總分。

總分越少，說明你的情緒越穩定，反之越差。

結果分析

總分〇到二十分：你的情緒穩定，自信心強，能面對現實，具有較強的道德感、美感和理智感，有較強的情緒自控能力，社會適應能力較好，能理解周圍人的心情。你一定是個性情爽朗、受人歡迎的人。

總分廿一到四十分：你的情緒基本穩定，能沉著應對生活中出現的一般問題，但因爲對事情的考慮過於冷靜、淡漠和消極，所以常常不善於發揮自己的個性，使自信心受到壓抑，辦事熱情忽高忽低，易瞻前顧後、躊躇不前。

總分四十一分以上：你的情緒極不穩定，不容易應付生活中的挫折，容易衝動，感到日常煩惱多，使自己的心情處於緊張和矛盾之中。

如果你的得分在五十分以上，則是一個危險信號，你最好去做心理諮詢或去看心理醫生。

第二章

扭轉角度看情緒

1／沒有你的允許，沒有人能影響你的情緒

跟朋友約會，他遲到了半個小時。在這個情境之中，有的人會非常生氣：他怎麼可以遲到？有的人則是非常擔心：他會不會出了什麼事？也有人會想，他遲到一定是有不得已的原因，從而產生體諒的感覺。

我們所有的情緒，其實都是我們詮釋事件之後的主動決定。

瞭解情緒的秘密有個天大的好處，那就是：我們會從現在開始爲自己的情緒負責任，而不是把情緒的責任丟給別人。把情緒的責任丟給別人會造成一個致命的傷害：我們會期望改變別人，之後才能夠改變自己；我們會總是覺得只有別人改變了對我們的態度，我們才能從此變得幸福。但事實是，別人用什麼態度對待我們，我們無法掌控，這樣我們就會有挫折感，覺得很沮喪，最後產生抑鬱跟絕望的情緒狀態。

「今天你會快樂嗎？」許多人一聽到這個問題，心中的第一個念頭是：「那得看狀況。」看什麼狀況呢？要看今天遇上的人是否令人喜歡，今天發生的事是否讓人如意，這才能決定今天的心情是否開心嗎？

換句話說，今天的際遇，會決定今天的心情。

事實上，真正的情商高手會毫不猶豫地回答：「當然會！」而這份堅決來自於他們所共同享有的一個秘密：「全世界唯一要為我們情緒負責的只有一個人，那就是自己。」

聽起來很不可思議，心情怎麼會跟別人無關呢？要不是他老對我無故大吼，我怎麼會傷心？要不是客戶發飆無理取鬧，我怎麼會生氣？如果「另一半」沒有徹夜不歸，我怎麼會擔心？

這許許多多的心情，看來都跟別人對待我們的方式大大有關，是嗎？

舉個例子，隨便找個人，請他起立站著，然後要求大夥兒一塊兒動腦子想些方法，目的是要在三十秒內刺激這個人。於是，答案不斷從周圍人的嘴裏蹦出來：「動手揍他！」「罵他豬頭！」「對他動手動腳！」「把他的車子砸毀！」

……想法極富創意，不勝枚舉。

要讓一個人生氣其實易如反掌，只要有心，任何一個人都可能在幾秒鐘之內讓你暴跳如雷。

只有一個例外。

如果身為當事人的你今早出門時，確切地下定了快樂的決心，告訴自己不論今天發生什麼事，遇到如何不堪的際遇，都不會動搖自己快樂的心境，那麼，別人的舉止就無法對你產

生負面的傷害。

有一位青年脾氣暴躁，經常和別人吵架，因此大家都不喜歡他。

有一天，這位青年無意中走到了大德寺，碰巧聽到一位禪師在說法。他聽完後不能參透，於是留下來問禪師：「什麼是忍辱？難道別人朝我臉上吐口水，我也只能忍耐著擦去，默默地承受？」

禪師聽了青年的話笑著說：「哎，何必擦呢？就讓口水自己乾吧。」

青年聽後，有些驚訝，又問禪師：「那怎麼可能呢？為什麼要選擇忍受呢？」

禪師說：「這談不上什麼忍受，你就把口水當作蚊子之類的東西，不值得為此大動干戈，微笑著接受就行了！」

青年問：「如果對方不吐口水而是用拳頭打過來，那該怎麼辦呢？」

禪師回答：「這不是一樣嗎？不要太在意，這只不過是一個拳頭而已。」

青年認為禪師實在是胡說八道，終於忍耐不住，舉起拳頭，向禪師的頭上打去，並喝道：「和尚，現在怎麼樣？」

禪師非常關切地問：「我的頭硬得像石頭，並沒有什麼感覺，但是你的手大概痛了吧？」

青年愣在那裏，忽然心有所悟。

面對青年的暴行，禪師毫不放在心上，辱又從何而來。

不要因爲外界的變化引起內心的起伏。當我們修煉好了內心，讓內心足夠強大，就沒有事情能讓自己生氣。不會生氣，「辱」又從何來？

所以，快樂是一種決心，只要你下定這份決心，就能掌握住情緒的主控權，而不至於在瑣碎的生活事件中，糊塗地將心情的決定權拱手讓給別人，並讓周遭的人來決定自己情緒的基調。

有人說：「開心是一天，不開心也是一天，爲何不開心地過呢？」其中的道理就在於此。

更何況，真正決定我們情緒的，不是發生了什麼事，而是我們對這些事情所做的詮釋。

例如，面對他人的辱罵「你是豬頭」，如果我們認爲「他就是看我不順眼，這是惡意中傷」，那當然就會憤怒不已；然而，如果你把它解釋爲「他今天心情不好，出口重了，但不是衝著我來的」，不但不會生氣，反而會替他擔心；而如果你的想法是：「這代表他很不喜歡我的做法，太好了，如果保守的他不贊成，就表示我做對了！」這時，你的反應就是暗自高興。

可見，「你讓我情緒不好」這句話是有謬誤的。聰明的人，會爲自己的情緒負責任——如果我因爲你對我的態度而生氣了，那是因爲我決定要生氣；如果我因爲你對我的方式而傷心，那是因爲我決定要傷心。當情緒的主人翁是自己的時候，你會發現，外界造成的一些不

愉快其實不算什麼。

下次因情緒起伏而失去幸福感受時，請別忘了提醒自己，情緒是由「自己」決定的。

2／給情緒安三道防火牆

保持冷靜，是人們在情緒管理方面最重要的功課之一。

心理學家認爲，在情緒激動時，至少有三個重要的關鍵點可以努力，只要掌握得當，你就能熄滅自己的怒火，讓自己冷靜下來。

心理學家把它稱爲「冷靜的三道防火牆」，一起來看看該怎麼做吧！

冷靜防火牆一——「想法滅火」

你會心生不滿，是因爲你對身處的狀況做出了不利於自己的評價。例如：「他遲到那麼久，根本就是不在乎我！」「他是故意傷害我的感情！」這麼一想，你當然會怒不可遏，心中感到忿忿不平。

在這個「動念發火」的當下，只要能多一分自我覺察的功力，在心中跟自己辯論：「且慢，這個解釋真的是唯一正確的答案嗎？」你心中就會產生其他的想法來做解釋：「也許他

是不得已才遲到的！」「恐怕是我錯怪了他！」這樣，就成功地發揮了第一道防火牆的滅火功能，而不至於失去理智。

要建築堅固有力的「防火牆」，你必須擁有良好的自我覺察能力，具備同理心和善意解讀世界的能力。

冷靜防火牆二——「衝動滅火」

萬一第一道防火牆被突破，你沒來得及攔截住心中負面的情緒，這時就會產生一些想衝動的念頭：「我就要給你點顏色瞧瞧！」「我豁出去了，不讓你難受，我誓不甘休！」無數事實告訴我們，即使再溫柔和善的情商高手，也曾有過不理性的衝動念頭：「我真想打人！」

這個蠢蠢欲動的當下，如果滅火得宜，就能避免悲劇的產生。怎麼做呢？建議你跟自己的心喊話：「再等一下就好。」然後開始進行「數數法」，在心裏如此默數：「一、四、七、十、十三……」以此活絡大腦的理性中樞，這樣，其他的理性想法就能跟著出現：「等等，這麼做並不能真正解決問題。」就此懸崖勒馬，不致衝動行事。

冷靜防火牆三——「行動滅火」

萬一前兩道防火牆都失效了，你開始惡言惡語，甚至動手動腳起來，這時雖然已經開始非理性的行動，但只要不放棄，你仍然有希望能夠冷靜下來。例如，一旦意識到自己言行失態，就要考慮到自己的格調（**這實在不像我**），以及對方所受的身心創傷，這樣就能立即停止動作，避免造成更進一步的傷害，使你逐漸冷靜下來。

只要你能做好情緒的消防檢查，瞭解自己哪一道防火牆仍有待加強，多加練習之後，就能爲激情滅火，從而冷靜下來。

另外，還有一些方法，可以平衡一下心情的酸鹼值。

1.藏心事要顧及體內容量。

有人總是將委屈往肚裏吞，卻不知清除體內早就過時或已經不在乎的舊煩惱。有時候新愁一上心頭，連舊恨也跟著牽腸掛肚，越是收藏心事，就越是不快樂。

何不學習一下電腦系統清除垃圾檔案的功能？氣頭上的煩惱稍稍炒作就可，褪了色之後，就讓它們煙消雲散吧！找一個心靈的資源回收桶，訓練一下善於遺忘的本領，人生沒必要讓苦悶永遠保鮮，只要記得傷心當下的淒美就可。至於心事，保存期限過後，就扔了吧！

2.號召一群分割壞情緒的分母。

不爽的時候，就大聲說出來！那種感覺，很像奔跑在通往蔚藍海岸的路上，沿路甩開討厭的人、事、物，嘶吼著一種快意的狂笑，瞬間就可以讓你在情緒的磁場上取得漂亮的反擊。

假設壞情緒是一份發臭的乳酪，自己獨自吞食，只會惹得你噁心外加下痢嘔吐，如果能找到一群分母，將發臭的乳酪切割成幾小塊讓它們帶走，如此，發臭的乳酪就沒機會進到肚子裏惹得腸胃不適了。

3.給壞情緒找一個出口。

給壞情緒找一個出口，一個不妨礙別人的出口，讓它趕快溜走，而且走得越遠越好，否則愈積愈多，我們就會慢慢被它壓垮。而它一旦佔領我們全身，我們就會在不堪重負之下匆忙給它一個出口，一個方向對準我們親人朋友的出口，結果是傷了別人也悔了自己，一點壞情緒污染了一批人的天空。

3／把鏡子對著自己——學會讓自己的情緒轉向

大多數成功者，都是能夠把情緒控制得收放自如的人。這時，情緒已經不僅僅是一種感情的表達，更是一種生存智慧。如果控制不住自己的情緒，太過隨心所欲，就可能帶來毀滅性的災難；情緒控制得好，則可以幫我們化險爲夷，甚至獲得意想不到的好處。

很多時候，那些讓我們生氣的理由回頭再想想，其實根本不值得，甚至發完脾氣後，我們常常會忘了自己爲什麼不高興。

產生負面情緒的時候，你要做的不是把責任推給別人，而是要把鏡子轉向自己，看看自己的心智模式有哪些不妥的地方。只有不斷地「照鏡子」，你才能更清晰地認知自己，認清自己的優缺長短，從而讓自己揚長避短，將自己的潛能發揮得更爲出色，更爲淋漓盡致。

那麼，具體而言，我們應該如何「照鏡子」呢？

首先，要對自己的情緒做出準確定位

一般，我們在進行情緒定位時，有四種類型可供參考：超越情緒、成就情緒、系統情緒

與問題情緒。

1.超越情緒。

處於此種情緒的人立志高遠，能夠成就大業。他們凡事立足於自已，不強調客觀理由，不抱怨外在環境，對個人的利益和別人的偏見可以輕鬆面對，不以物喜，不以己悲；注重外在形象和語言，與人友好溝通，給人輕鬆無壓力的感覺，時刻彰顯著崇高的人格魅力。

2.成就情緒。

成就情緒來源於受到輕視後決心奮發努力取得成就。如果我們能夠正面利用主體的負面情緒，而不是在負面情緒中不能自拔，這份情緒就能使個人獲得提升。以從事銷售業務的銷售員爲例，在受到客戶拒絕的負面情緒與壓力時正面激勵自己，往往能最終取得客戶信任，簽下訂單。

3.系統情緒。

處於這一類型情緒的人，對周圍的一切事務感到擔憂，替別人著急，而且不尊重個體的差異，凡事以自我的標準來衡量一切。

4.問題情緒。

問題情緒是對別人的批評感到氣憤、責怪，不思改進而最終失敗，使人停留現狀，不能突破。擁有此種情緒的人，在人際交往過程中總是關注別人的缺點，導致交際與溝通多有不暢；由於自我的力量不足，總愛挑剔別人的問題，傳播別人的失誤；往往以受害者自居，希望別人能主動關注自己。

根據上述分類，我們可以對自己的情緒做出定位，並找出所要提升的定位區域。

其次，找到正確表達情緒的方式

情緒的表達方式對情緒的最終改善結果有著直接影響。只有正確表達，才能使他人理解，使自我壓力得到釋放。人們表達情緒的方式一般有以下三種：

冷戰——這是情緒壓力最殘酷的表達方式。由於單方面承受情緒，不與他人溝通交流，長期處於壓抑狀態，最終導致身體病變，引起精神方面的疾病。

發洩——不顧忌環境與後果，將情緒原原本本地表現出來，容易給他人造成壓力，在組織內部形成矛盾。在日常生活與工作中，這是典型的「先情緒後事情」的表現。

表達——以不給對方壓力的方式，表達自己情緒是喜是怒，讓對方知道錯而給他改正錯誤和成長的權利，也就是所謂的「先事情後情緒」的做法。這正是我們所提倡的正確表達方式。

4／情緒的幾種自我干預形式

自我干預是對個體的情緒最直接而有效的管理方式。由於情緒是時時波動的，等待外部支援需要一定的週期，而內心的改變則全然操縱於自我。

情緒的自我干預主要表現爲以下幾種形式：

語言——在情緒波動中給予自己正面的、積極肯定的語言，進行自我激勵。同時對自己進行時間限定，以最短的時間與負面情緒告別。

動作——適時抬頭，調整站姿和深呼吸對調整和改變情緒是有幫助的。

顏色——看喜歡的顏色和光亮，讓情緒得以釋放。

環境——與大自然或是適宜的環境，或是正面積極的朋友們在一起。

具體來說，可以從下面幾個方面來進行自我干預，最終實現行爲的改變。

我選擇

人們都有自信與不自信兩個空間，比方說，我們在跟小朋友講話時是不緊張的，這時我們選擇了自信的空間；而跟身分地位比較高的人講話，我們就有可能會緊張，因爲這時的我們選擇了不自信的空間。同樣，我們對同一件事情也有生氣和不生氣的兩個空間，這裏就有一個情緒選擇的問題。由於情緒的產生是依靠主體的判斷標準進行識別的，而標準又是個人自己掌控的，顯然情緒也可以通過此過程進行選擇。

由此可見，一個優秀的情緒管理者，必須可以在很短的時間內做出正確的情緒選擇。

「我選擇」是情緒管理中一個偉大的詞彙。既然情緒是依靠自我的標準進行判斷，當你可以選擇更樂觀、更開放的情緒時，爲什麼要選擇愁苦、憤懣的情緒呢？

我愛我自己

愛是最偉大的力量，通過自我情緒的選擇，我們知道選擇不愛自己的空間就是選擇了恐懼的空間、進攻性的空間、傷心的空間、憤怒的空間等；而選擇愛自己的空間就擁有了信任的空間、理解的空間、尊重的空間、感恩的空間等。

在自我情緒管理中，「愛自己」是最有力的方式。通過「愛自己」的方式來改善自己的情緒，我們給予以下建議：

1. 不要議論、傳播主管與同事之間的過節。

2.相信每一個人都希望更好。
3.不去強化自己或別人的缺點。
4.在生活中不要隨便顯露你的情緒。
5.不要逢人便訴說你的困難與遭遇。
6.不要一有機會就嘮叨你的不滿。
7.永遠不要去寫自己的傷感日記。
8.說話不要慌亂，走路要穩。
9.做任何事情都要有條不紊。
10.用心做任何事情，因爲有人在關注你。
11.不要用缺乏自信的詞句。
12.不要常常反悔，對已經決定的事不可輕易地推翻。
13.每天做一件實事。
14.事情不順時，深呼吸，重新尋找突破口。
15.不要刻意地把朋友變成對手。
16.對別人的小過失、小錯誤不要斤斤計較。
17.不要有權力的傲慢及知識的偏見。
18.做不到的事情不要說，說了就要努力做到。

19.不玩弄小聰明，這會讓你邁向錯誤。

學會面對壞情緒的自己

我們最大的敵人，往往是我們自己，所以，只有學會了幫助自己，才能去感受真正的幸福。

1.當有負面情緒（生氣、悲傷、鬱悶、煩燥）等不舒服的感受時，你要能覺察到，然後告訴自己：「哦，原來這就是負面情緒。」這時候，最重要的就是把注意力放在自己的內在，而不是放在那個引起你負面情緒的人和事物上。

2.先觀察一下自己此刻的肢體動作是什麼。把注意力放在自己的身體上面，可以讓你不至於完全陷入自己的情緒衝突中。

3.接下來試著去看見你在想什麼，就是去觀察自己的思想。如果你能夠傾聽那個內在喋喋不休的聲音，你就是在觀察自己的思想。這時候，請你帶著覺知和愛去觀照它。它只是一個思想，不代表你，不用去認同它，也不需要去批判它，只是看著它就可以了。

4.你此刻有什麼情緒？如何觀照情緒？有些人連自己生氣了都不知道。其實，觀察情緒最簡單的方法就是去觀察你的身體，因爲情緒其實就是身體對你思想的一個反應，只不過有的時候你還沒有覺察到思想，情緒就起來了。感覺你的身體哪裏緊繃？胃部是否有不舒服的感覺？心是否緊繃或抽痛？身體是否顫抖？這些都是情緒在你身上作用的結果。

觀察它，觀照它，允許它的存在，全然地去經歷它，不要抗拒。你會發現，你的全然接納和經歷，會讓它更快消失，甚至轉化爲喜悅。

5／管理心態的幾種法則

明白做人，踏實做事

一個人如果做人不明不白，必定會在稀裏糊塗中受罪。只有明明白白做人，才能「夜半不怕鬼叫門」。

所以，「明明白白做人，踏踏實實做事」應該作爲我們人生的座右銘。

不義的錢財再多，也不要眼紅，否則會是自己亡身的禍根；無道的權勢再大，也不要覬覦，否則會落個身敗名裂的結局；不當的名譽再好，也不要貪占，否則會得個自取其辱的結果。

一心做事，莫問未來的結果，這樣，你才不會分散精力。

清白讓人心安，踏實讓人快樂。自己沒有好的名望，又不刻苦努力，卻一心企求成功的果實，這只是癡人的一場夢。

真實做人，厚道是福

「真者，精誠之致也。」人貴於真實，惡於虛僞，因爲誠實是人的最高品德。真實的人，言行一致，老少無欺，能大公無私，並可在事業上委以重任；不真實的人，言行不一，瞞上欺下，善於矯飾，每每以私爲先，損公利己，絕不能委以重任，否則會對事業造成極大的損害。

誠實是做人處事的基本原則。沒有誠實作爲根本，爲人處世就沒有基礎。《左傳》上說：「失信不立。」沒有任何信譽的人，是沒有人緣的。言不發自內心，縱然悅耳動聽，終歸也是謊言。巧言令色，只能哄騙一時；誠信做人，才能受益一世。

辦事圓滿，得失寬平

做事時，必須有「事情必須辦得圓滿，得失必須放得寬平」的良好心態。事情辦得圓滿，才有成功的可能，生命才能閃光；得失看得寬平，才能心無雜念，人生才會快樂。

一個人如果凡事粗糙應付、得過且過，等待他的必定是失敗的結局。凡事糊弄自己，等於無知地殘殺自己；凡事斤斤計較、損人利己，等於自絕後路；凡事算計別人，等於愚昧地孤立自己。假如一個人能真正感悟到「認真辦事，大度處世」的重要性，他的人生之路必將越走越寬廣，生命之花也會越開越豔麗，生活之悟越思越清晰。

吃虧是福

小時候，也許每個人都有幫老師分蘋果的經歷，當時，很多人會選擇把最好的分給別人，而把最小的留給自己。可是隨著年歲的增長，長大的我們卻沒有堅持這個美好的傳統。爲什麼？因爲許多人唯恐自己吃虧，讓別人占了便宜。

其實，吃虧是福。總是處處占人便宜，時時得人好處，表面上看是嘗到了一點甜頭，實際卻丟失了人格，增加了危險。占小便宜會讓你背負惡名，身陷困境，寸步難行；相反，吃一時之虧卻能爲你贏得他人的尊重，爲你的未來贏得朋友和資本。

平等待人，不做「勢利眼」

有一個老者穿著非常簡樸，他來到一個茶館喝茶，店主只是淡淡地招呼：「坐，茶。」

隔了幾天，那個老者穿戴講究，又去茶館喝茶。這次店主十分熱情，大聲說：「請坐，泡茶。」

又隔了幾天，老者衣著華貴，還帶了隨從來茶館喝茶。店主恭敬又熱情，親自招待：「請上坐，泡好茶。」

臨走時，店主請老者留下墨寶。老者寫道：「坐，請坐，請上坐；茶，泡茶，泡好茶。」店主羞得無地自容。

平等待人是現代人的基本素質，這不僅體現了你對別人的尊重，也是你自身高尚人格的表現。

正人先正己，律人先律己

托爾斯泰認爲：要讓所有人都做得好，首先必須自己做好；要求別人做到的，自己必須首先做到。言傳不如身教，說教再多，也沒有實際行動來得有說服力。

自律是優秀人格的基石，也是有品格之人的基本素質。能夠自律的人總是說到做到，遵守諾言。他們不但自律，而且懂得關懷他人，所以能得到他人的信賴和尊重。

其實，自律和其他人格特質一樣，也是一種良好的習慣。我們要從今天開始，下定決心，培養自己的自律習慣。

細節決定成敗

能夠做成大事情的人，首先是從做小事情開始的。如果能把小事辦好，大事自然就能順利地做下去。每一個工作都是由許多細節組成的，忽略任何一部分，都會在日後造成大問題。

老子說：「天下大事，必做於細。」想要成就一番大事業，就必須從細微處入手。只有細節做好了，事情才能完美。歷史上許多失敗的事例和教訓，都緣於對細節的疏忽。

滿招損，謙受益

過分的自我感覺良好實際上是一種無知，它雖能帶來傻瓜般的幸福感，讓人得一時之快，卻也會導致無窮無盡的後患。自滿自得是愚蠢的表現，因爲只有當一個人不能發現和欣賞別人的美德時，才會陶醉於自己的平庸，到處吹噓自己的「才幹」。

真正有能力的人不必吹噓自己的成就，因爲他的行動可以表達一切，這比「光說不做」更能贏得別人的欽佩。

享受生活，而不是享受權力

人生的美好是因爲享受生活，而不是享受權力、金錢等東西。生活使人充實，享受生活能夠使你感覺每一天都是如此賞心悅目，生命永遠是燦爛的、幸福的和快樂的；權力、金錢等東西也許會給你帶來一時的歡娛，但也會讓人感到空虛，使你感覺每一天都是如此痛苦不堪，生命永遠是煩躁的、無聊的，甚至是灰暗的。

事實上，權力無法給你帶來享受，它與責任掛鉤，肆意濫用權力是要付出沉重代價的。只有無知、愚昧的人才會去琢磨如何享受權力，而後利用手中的權力去享受金錢，其結果往往是身陷囹圄，什麼都享受不了。

人生中値得追求的目標有許多，權力和金錢並非生活的主體。爲了追求權力並且貪婪地享受，往往會走上一條不歸路。

6／放下煩惱和憂愁，生活原來可以如此簡單

很久以前，有一群印第安人被白人追趕，他們的處境十分危險。由於情況危急，酋長便把所有的族人召集起來談話。他說：「有些事我必須告知大家，我這裏有一個好消息，也有一個壞消息。」

族人中立刻起了一陣騷動。酋長說：「首先，我要告訴你們壞消息。」所有的人都緊張地站著，神色惶恐地等待著酋長的話。

他說：「除了水牛的飼料以外，我們已經沒有什麼東西可吃了。」酋長剛說完，大家便開始你一言我一語地談論起來，到處都是「可怕啊」、「我們可怎麼辦」的聲音。

突然，一個勇敢的人發問了：「那麼，好消息又是什麼呢？」

酋長回答：「那就是我們還存有很多的水牛飼料。」

同樣的一件事情，悲觀的人只看到不利的一面，樂觀的人看到的卻是有利的一面。不同心態，呈現出的世界完全不同，呈現出的人生道路也就有了不同。

一位滿臉愁容的生意人來到智慧老人的面前。

「先生，我急需您的幫助。雖然我很富有，但人人都對我橫眉冷對。生活真像一場充滿爾虞我詐的廝殺。」

「那你就停止廝殺唄。」老人回答他。

生意人對這樣的告誡感到無所適從，他帶著失望離開了老人。在接下來的幾個月裏，他情緒變得糟糕透了，與身邊每一個人爭吵鬥毆，由此結下了不少冤家。一年以後，他感到心力交瘁，再也無力與人一爭長短。

「哎，先生，現在我不想跟別人鬥了。但是，生活還是如此沉重，它真是一副重重的擔子呀。」

「那你就把擔子卸掉唄。」老人回答。

生意人對這樣的回答很氣憤，怒氣沖沖地走了。在接下來的一年當中，他的生意遭遇了挫折，並最終賠光了所有的家當，妻子也帶著孩子離他而去，他變得一貧如洗、孤立無援。於是，他再一次向智慧老人討教。

「先生，我現在已經兩手空空、一無所有，生活裏只剩下了悲傷。」

「那就不要悲傷唄。」生意人似乎已經預料到會有這樣的回答，這一次，他既沒有失望也沒有生氣，而是選擇待在老人居住的那座山的一個角落。

有一天，他突然悲從中來，傷心地嚎啕大哭起來——幾天、幾個星期，乃至幾個月地流淚。

最後，他的眼淚哭乾了。他抬起頭，早晨溫煦的陽光正普照著大地，他又來到了老人那裏。

「先生，生活到底是什麼呢？」

老人抬頭看了看天，微笑著回答道：「一覺醒來又是新的一天，你沒看見那每日都照常升起的太陽嗎？」

生活到底是沉重的還是輕鬆的，全依賴於我們怎麼去看待它。生活中會遇到各種煩惱，如果你擺脫不了它，它就會如影隨形地跟在你左右，這時的生活於你而言就是一副沉重的擔子；如果你能領悟「一覺醒來又是新的一天，太陽不是每日都照常升起嗎」這句話的深意，放下煩惱和憂愁，你就會發現，生活原來可以如此簡單。

有一少婦投河自盡，被正在河中划船的船夫救起。船夫問：「你年紀輕輕，為何自尋短見？」

「我結婚才兩年，丈夫就拋棄了我，接著孩子又病死了。我活著還有什麼意思？」

船夫聽了，想了一會兒，說：「兩年前，你是怎樣過日子的？」

少婦說：「那時的我自由自在，沒有任何煩惱……」

「那時你有丈夫和孩子嗎？」

「沒有。」

「那麼，你不過是被命運之船送回了兩年前。現在，你重新獲得了自由自在、沒有任何煩惱的生活，你還有什麼想不開的呢？請上岸去吧……」

聽了船夫的話，少婦想了想，心中豁然開朗。從此，她沒有再尋短見，因為她從另一個角度看到了希望的曙光。

有位哲人曾說：「我們的痛苦不是問題的本身帶來的，而是產生自我們對這些問題的看法。」這句話很經典，它引導我們學會解脫，而解脫的最好方式是面對不同的情況，用不同的思路去多角度地分析問題。因爲事物都是多面性的，視角不同，所得的結果就不同。

記住，要解決一切困難是一個美麗的夢想，但任何一個困難都是可以解決的。轉換看問題的視角，就是不能用一種方式去看所有的問題和問題的所有方面。如果那樣，你肯定會鑽進一個死胡同，離問題的解決方法越來越遠，處在混亂的矛盾中而不能自拔。

一個對生活極度厭倦的絕望少女，打算以投湖的方式自殺。在湖邊，她遇到了一位正在寫生的畫家，畫家正專心致志地畫著一幅畫。少女厭惡極了，她鄙薄地瞟了畫家一眼，心想：幼稚，那鬼一樣猙獰的山有什麼好畫的！那墳場一樣荒廢的湖有什麼好畫的！

畫家似乎注意到了少女的存在和情緒，但他依然專心致志、神情怡然地畫著。過了一會兒，他說：「姑娘，來看看畫吧。」

少女走過去，傲慢地睨視著畫家和畫家手裏的畫。只看了一眼，少女便被畫吸引住了，彷彿全然忘了自己準備自殺的事。她從沒發現世界上還有那樣美麗的畫面——畫家將「墳場一樣」的湖面畫成了天上的宮殿，將「鬼一樣猙獰」的山畫成了美麗的、長著翅膀的女人，最後將這幅畫命名為「生活」。

看著這幅畫，少女感覺自己的身體在變輕，在飄浮，她感到自己就是那婀婀婀娜的雲……

良久，畫家突然揮筆在這幅美麗的畫上點了一些麻亂的黑點，似污泥，又像蚊蠅。

少女驚喜地說：「星辰和花瓣！」

畫家滿意地笑了：「是啊，美麗的生活是需要我們自己用心發現的！」

生活的美與醜，全在我們自己怎麼看。如果你能將心中的煩惱和陰暗面徹底放下，然後選擇一種積極的心態，用心去體會生活，你就會發現，生活處處都美麗動人。

第三章

換位思考，以正能量豐沛生命

1／把本能的嫉妒轉化為進取的動力

如果你覺得別人比你好，比你出色，那你就加把勁趕上去，力爭上游。有意識地提高自己的思想認識水準，正是消除和化解嫉妒心理的直接對策。

對於比你強大和能幹的人，你不僅要有單純的羨慕和崇拜，更應該抱一種「我一定會比你強，我一定能超過你」的想法。有了積極正面的思考方式，然後才能帶來奮發向上的實際行動。爭取做到「後來者居上」，你才能活出生命的精彩。

嫉妒和羨慕只是一線之差，其產生的結果卻有著天淵之別。嫉妒的人是在打擊別人的過程中尋找快樂，以求得心理平衡，而他們自己的生活卻搞得一團糟。

如果一個人很喜歡與別人進行比較，同時又不能對自己做出正確的評價，就會產生嫉妒。學會熔煉嫉妒，就是把本能的嫉妒轉化爲進取的動力，把不平靜的心態歸於平靜，把蔑視別人的目光轉到自己的短處上，這樣嫉妒就會變成催人奮發的動力。

工作及社交中，嫉妒心理往往發生在雙方及多方，因此，我們要注意自己的性格修養，尊重與樂於幫助他人，尤其是自己的對手。這樣不但可以克服自己的嫉妒心理，而且可使自己免受或少受嫉妒的傷害。

與其嫉妒那些比自己強的人，還不如把嫉妒變爲動力，多結交一些比自己強的人，從他們的身上學習成功的經驗，提高自己的能力，促使自己也獲得成功。

有一天，一位名叫亞瑟．華卡的美國少年在雜誌上讀到了大實業家亞斯達的故事，他很嫉妒亞斯達能有這樣巨大的成功。但他轉念一想，為什麼自己要在這嫉妒呢？再怎樣嫉妒都不可能像他那樣成功，不如向他請教，對他的成功經歷瞭解得更詳細些，並得到他的忠告，這樣自己或許也能取得成功。

有了這樣的想法與動力後，他跑到了紐約，也不管幾點開始辦公，早上七點就來到亞斯達的事務所。在第二間辦公室裏，華卡立刻認出面前這位體格結實、濃眉大眼的人就是亞斯達，這讓他興奮不已。一開始，高個子的亞斯達覺得這少年有點討厭，但一聽少年問他「我很想知道，我怎麼才能賺到百萬美元」時，他的表情變得柔和了起來，兩人竟談了差不多一個小時。隨後，亞斯達還告訴華卡該怎樣去訪問其他實業界的名人。

華卡照著亞斯達的指示，遍訪了那些曾讓他嫉妒的一流的商人、總編及銀行家。在賺錢方面，華卡所得到的忠告並不見得對他有多少幫助，但是成功者的知

遇給了他自信，他開始化嫉妒為奮進的動力，仿效他們成功的做法。

過了兩年，這個二十歲的年輕人成了當初他做學徒的那家工廠的所有者；廿四歲時，他又成了一家農業機械廠的總經理。就這樣，在不到五年的時間裏，華卡如願以償地賺到了百萬美元。後來，這個來自鄉村粗陋木屋的少年，又成為了一家銀行董事會的一員。

華卡在以後的創業過程中，一直實踐著他年輕時到紐約學到的基本信條：多與比自己優秀的人結交，把嫉妒別人轉變為學習別人的長處，以此來幫助自己成功。

華卡的做法是值得我們學習的。我們可以把嫉妒對象當作對手，不是向他發起攻擊，而是向他挑戰、學習。俗話說：「只要功夫深，鐵杵磨成針。」很多事情別人能幹，自己也一樣能幹，而且可能會做得更好。

比爾．蓋茨說：「和那些優秀的人接觸，你會受到良好的影響。」然而，要與優秀的人物締結友情，跟第一次想賺百萬美元一樣，起初是相當困難的。其中的原因並不在於對方的出類拔萃，而在於我們自己的嫉妒之心，不願友好地與之進行溝通與交往。

但是，我們不得不承認與比自己強的人結交是很有好處的。

第一，和比自己優秀的人在一起容易產生嫉妒之心，我們可以將嫉妒之心轉化爲好強的求勝之心，促使我們快速成長並超越別人。

第二，結交一個優秀的人，比我們做的任何決定都來得重要。因爲，借由他們的成功經驗、成功模式，能使我們在短時間內產生非常大的效益；同時，他們失敗的教訓能讓我們知道什麼事不能做，這樣，我們可以少走很多彎路，省下不少時間和精力。

看到與自己所嫉妒的人之間的差距，以所嫉妒的人爲榜樣、目標，揚長避短，擇其善而從之，見其惡而避之，自己努力改進，迎頭向上，積極地將嫉妒心理轉化爲進取的動力，不讓嫉妒使自己的心理不平衡，這才是對待嫉妒的正確方式。

同時，我們應當認識到，有些事情是不取決於人自身的。如一個人的出身、相貌等，不是想改變就能改變的，因此，我們沒有理由去嫉妒別人。我們要做的是挖掘己不如人的根源，弄明白別人到底爲什麼比自己強。也許，他取得的成績是努力拚搏的結果，我們是不是做得還不夠呢？如果是，就應當提醒自己加倍努力。

「山不辭石，故能成其高；海不辭水，故能成其大；君不辭人，故能成其眾。」「合抱之木，始於毫末；千里之行，始於足下。」既然已知自己的弱處，看到了自己與別人的差距，就不該將精力浪費在嫉妒別人之上，而應該知恥而後勇，化嫉妒爲拚搏的動力，注意點滴的積累，從今天開始，從足下開始，不恥下問，不疲請教。「寇可往，我亦可往。」只有具備這樣的思想，我們才能迎頭趕上，進而後來居上。

2／進行憤怒管理，學會從怒火中獲益

憤怒是一種非常大眾化的感情。成千上萬的人毫無必要地受到「毒性憤怒」的侵害，這種憤怒每一天都在實實在在地毒害著人們的生活。

憤怒是無法徹底消除的，而且也沒有必要消除它，但你有必要對它進行很好的管理和控制。不管是在家裏、工作中，還是在你和關係親密的人相處的過程中，都需要進行憤怒管理，這樣你才能從憤怒中獲益。

憤怒就其本身的特性來說是短暫的，它就像拍打沙灘的波浪一樣，來得快，去得也快。對於大多數人來說，五到十分鐘之後，怒氣就下去了；但對某些人，憤怒總是揮之不去，甚至愈演愈烈。

不悅要比憤怒更加常見。如果僅僅感到不悅，一般不是什麼問題，但前提是這種感覺能就此打住，不往下發展。

怎樣才能讓不悅之情不往下發展呢？下次有人惹你不高興時，你可以嘗試像下面這樣去做：

1.不要把事情想得過分嚴重，用正確的眼光對待。如果在開車時有一輛車突然插到了你的前面，要記住，這只是讓你不快的小事，而不是世界末日。

2.不要把問題個人化。那個開車時插到你前面的司機並不認識你——他很可能並沒有意識到給你帶來了不快。也許某件事讓他不順心，他想借此發洩出來，但這絕對不是針對你本人。

3.不要指責別人。一旦開始指責另外一個人，就很容易使你的不快升級。所以，讓事情就這麼過去吧，別再去追究了。

4.不要老想著報復。把某事歸罪於某人後，下一步往往就是報復。與其這樣，不如把精力用在比報復更有用的事情上面。

5.不斷探尋讓自己面對某種情況而不生氣的方法。開車的時候其他司機讓你不悅，但你該怎樣做才能不讓這種不悅升級爲憤怒呢?也許你可以播放自己喜歡的音樂，或者收聽自己喜歡的電臺節目，特別是一些輕鬆愉快的節目，也許一些其他的方法對你更有效。總之，你要不斷地總結和摸索。

6.不要把自己看成一個無助的受害者。採取一些措施使自己適應令你不快的情況，或者想辦法改變這種情況。不管你做什麼，只要你在做，就比光在那裏生氣要好。

7.不要讓負面情緒放大你的憤怒。憤怒會加劇你的鬱悶，告訴自己：「我不會因這種令

人不快的情況使我的壞心情雪上加霜。」問自己：「如果我心情不這樣糟糕，遇到這種情況我會怎樣做？」然後就那樣去做。

一個年輕的農夫划著小船，給另一個村子的村民運送自家的農產品。那天的天氣酷熱難耐，農夫汗流浹背，苦不堪言。他心急火燎地划著小船，希望趕緊完成運送任務，以便能在天黑之前返回家中。突然，農夫發現前面有一隻小船沿河而下，正迎面向自己快速駛來。眼看兩隻船就要撞上了，但那只船沒有絲毫避讓的意思，似乎是有意要撞翻農夫的小船。

「讓開，快點讓開！你這個白癡！」農夫大聲地向對面的船吼道，「再不讓開，你就要撞上我了！」

但農夫的吼叫完全沒用，儘管農夫手忙腳亂地企圖讓開水道，但為時已晚，那只船還是重重地撞上了他的船。農夫被激怒了，他厲聲斥責道：「你會不會駕船，這麼寬的河面，你竟然撞到了我的船上！」

當農夫怒目審視那只小船時，他吃驚地發現，小船上空無一人，聽他大呼小叫、厲聲斥罵的只是一只掙脫了繩索、順河漂流的空船。

在多數情況下，當你責難、怒吼的時候，你的聽眾或許只是一只空船。那個一再惹怒你的人，決不會因爲你的斥責而改變他的航向。

如果你能學會控制自己的情緒，冷靜分析那些容易讓你生氣發火的原因，你就可以知道自己還欠缺什麼，自己害怕什麼，自己想要什麼。

3／錯誤——它可能是成功的另類入場券

錯誤，絕對沒有想像中那麼可怕，它其實是一種特殊的教育、一份寶貴的經驗。有時候，換個念頭去面對錯誤，可能是另一個圓滿的結果。

古埃及國王有一次舉行盛大的國宴，廚工在廚房裏忙得不可開交。一名小廚工不慎將一盆羊油打翻了，嚇得他急忙用手把混有羊油的炭灰捧起來往外扔。扔完後，小廚工去洗手，發現手滑溜溜的，特別乾淨。小廚工發現這個秘密後，悄悄地把扔掉的炭灰撿了回來，供大家使用。後來，國王發現廚工們的手和臉都很潔白乾淨，便好奇地詢問原因。小廚工便把自己的事情告訴了國王，國王試了試，效果非常好。很快，這個發現便在全國推廣開來，並且傳到了希臘、羅馬。沒多久，有人根據這個原理研製出了流行世界的肥皂。

沒有人願意失敗，因爲失敗意味著以前的努力將付諸東流，意味著一次機會的喪失，因此，幾乎所有人都存在談敗色變的心理。然而，若從不同的角度來看，失敗其實是一種必要的過程，而且也是一種必要的投資。數學家習慣稱失敗爲「或然率」，科學家則稱之爲「實驗」，如果沒有前面一次又一次的「失敗」，哪裏會有後面所謂的「成功」？

全世界著名的快遞公司DHL創辦人之一的李奇先生，對曾經有過失敗經歷的員工情有獨鍾。李奇每次面試應聘者時，必定會先問對方過去是否有失敗的經歷，如果對方回答「不曾失敗過」，李奇會直覺認為對方不是在說謊，就是不願意冒險嘗試挑戰。李奇說：「失敗是人之常情，而且我深信它是成功的一部分，有很多的成功都是在失敗的累積中產生的。」

李奇深信，人不犯點錯，就永遠不會有機會，從錯誤中學到的東西，遠比在成功中學到的多得多。

另一家被譽為全美最有革新精神的3M公司，也非常贊成並鼓勵員工冒險，任何新的創意都可以嘗試，即使在嘗試後是失敗的。雖然失敗的發生率高達百分之六十，但3M公司仍視此為員工不斷嘗試與學習的最佳機會。

3M堅持的理由很簡單，失敗可以幫助人再思考、再判斷與重新修正計畫，

而且經驗顯示，通常重新檢討過的意見會比原來的更好。

美國人做過一個有趣的調查，發現在所有企業家中平均有三次破產的記錄。即使是世界頂尖的一流體育選手，失敗的次數也絲毫不比成功的次數「遜色」。例如，著名的全壘打王貝比路斯，同時也是被三振最多的紀錄保持人。

失敗並不可恥，不失敗才是反常，重要的是面對失敗的態度，是能反敗爲勝，還是就此一蹶不振？傑出的企業領導者，絕不會因爲失敗而懷憂喪志，他們會回過頭來分析、檢討、改正，並從中發掘重生的契機。

失敗是走上更高地位的開始。許多人之所以能獲得最後的勝利，正是受惠於他們的屢敗屢戰。沒有遭遇過大失敗的人，反而不知道什麼是大勝利。若能把失敗當成人生必修的功課，你會發現，大部分的失敗都會給你帶來一些意想不到的好處。

猶太人說，這世界上賣豆子的人應該是最快樂的，因為他們永遠不必擔心豆子賣不完。

猶太人為什麼不怕豆子賣不完？

豆子賣不完，可以拿回家磨成豆漿，再拿出來賣給行人；豆漿賣不完，可以製成豆腐；豆腐賣不完，變硬了，可以當作豆腐乾來賣；若豆腐乾賣不出去，那就把這些豆腐乾醃起來，製成腐乳。

還有一種選擇是：賣豆人可以把賣不出去的豆子拿回家，加上水讓豆子發芽，幾天後就可改賣豆芽；豆芽如賣不動，就讓它長大些，變成豆苗；如豆苗還是賣不動，那就再讓它長大些，移植到花盆裏，當作盆景來賣；如果盆景賣不出去，那就把它移植到泥土中去，讓它生長，幾個月後，它就會結出許多新豆子。如此，一顆豆子變成了上百顆豆子，這是多划算的事啊！

一顆豆子在遭遇冷落的時候，可以有無數種精彩的選擇，人也可以如此。

人生總免不了要遭遇這樣或者那樣的失敗，確切地說，我們每天都在經受和體驗各種失敗。面對失敗，我們往往會採取習慣的對待失敗的措施和辦法——或以緊急救火的方式撲救失敗，或以被動補漏的辦法延緩失敗，或以收拾殘局的方法打掃失敗，或以引以爲戒的思維總結失敗……當我們失敗時，如果能夠靜下心來，坦然面對，換一個角度去思考，那麼在我們從另一個出口走出去時，就有可能看到另一番天地。

4／「換位思考」讓生活更和諧

不同的環境，不同的人生觀，不同的思考方式——我們每個人不同的身分決定了思考角度的不同。同是一朵花擺在面前，會有「花謝花飛飛滿天，紅消香斷有誰憐」的感懷，也會有「落紅不是無情物，化作春泥更護花」的深刻。

你不能苛責寄人籬下的林妹妹的傷懷，也不能否認落紅護花的事實，你能做的只有學會換位思考，去體會一朵花的豐富內涵，之後，你才會發現生活是如此豐富。

生活中，人與人之間的交往難免會發生矛盾。怎樣才能緩解這些摩擦呢？要知道，「已所不欲，勿施於人」。遇事不能總以自我爲中心，要站在對方的角度，多替他人著想。畢竟，每一個人在其他人眼中都是「別人」。堅持換位思考，你會發現，生活原來可以如此和諧。

有一個三歲多的小男孩兒，他最近幹了一件「壞事」，他把一碗滾燙的菜湯倒進了花盆裏——這盆名貴的花，是他爸爸剛剛從花市裏找來，又費了九牛二虎之力親自搬回來的。

爸爸對此感到怒不可遏，這小子太淘氣了，簡直就是個破壞分子！三歲的兒子看爸爸到處找掃帚，嚇得哇哇大哭起來。這時，媽媽衝上去拉住了爸爸，她說：「你別忘了，我們是在養孩子，而不是養花！」

媽媽的一番話在堅定地提醒著爸爸：孩子和花，到底哪個更重要？更何況，他還沒有弄清楚孩子那麼做的原因就要開打，是不是在說孩子的自尊和快樂遠遠不如一盆花重要？

媽媽蹲下來幫孩子擦乾眼淚，輕聲地問：「寶寶為什麼要把湯倒在花盆裏啊？」

小男孩抽泣著說：「奶奶說……熱熱的菜湯有營養……我想讓花長高高……」

這下輪到媽媽流眼淚了，孩子一顆愛花的心，差點兒就「冤死」在爸爸的掃帚下了。

很多時候，我們活在自己的思維定式下，習慣從自己的角度出發，卻忽略了別人的感受、別人的想法。如果不是媽媽及時制止父親的怒火，怎麼能聽到孩子那善良美好的心聲？如果父母只是片面地看到事情的表面，卻不肯傾聽孩子的聲音，不肯站在孩子的角度想，有

多少孩子會生活在委屈中？

「換位思考」並不是什麼深刻的東西，它在生活中隨處可見，伴隨在我們左右。日常生活中需要換位思考，工作中更需要換位思考。

因爲有「換位思考」，人與人之間才能增進瞭解，建立起深厚的友誼；因爲有「換位思考」，我們在交往與合作中才會變得愉快；因爲有「換位思考」，我們才發現生活是如此充滿人情味兒。

生活是需要「換位思考」的，因爲「換位思考」能幫助我們打開觀察世界的多棱鏡，讓我們更好地讀懂別人、讀懂生活、讀懂社會，此刻的我們便學會了用單純而善感的心去感受世界多角度的斑斕，體味生活中別樣的美。

5／適當的壓力是不可缺少的清醒劑

很多成年人都愛說：要是我們永遠不長大，做一個單純懵懂的孩子，不用承擔來自事業、情感、家庭、社會的壓力，生活一定很甜蜜和輕鬆，世界一定很美好。

事實上，壓力無所不在。一個人從出生開始，壓力就如影隨形。即使是一個孩子，雖然沒有生計的煩惱，卻也要熟悉這個新世界的冷熱驚喜，也會有各種各樣莫名其妙的需求及無法滿足的失落。

等到稍大一點，孩子又會因爲複雜的社會因素，與他人進行比較、競爭，從而形成實際的壓力。

等到再大一點，只要孩子對生活有了較爲明確的目標和要求，就必須承受一份來自環境、體系、制度的壓力。但是，因爲孩子天性中具備接受新鮮事物的特質，所以他們大多能很快消除壓力帶來的不適，進而穩重、沉著地應對挑戰。

壓力有大有小，你把它看得重，它就重；你把它看得輕，它就輕。與孩子的善於遺忘和

善於學習相比，成年人由於太過依賴習慣和常規，對壓力的態度就顯得不那麼友好了。

然而，適當的壓力對人來說，絕對是不可缺少的清醒劑。它讓你不畏懼困難，懂得思考如何進入新的局面，如何打破舊的格局，甚至讓你萌發自信和勇氣，這些都是幫助你將來獲得幸福的先決條件。所以，任何人都要接受壓力的挑戰。

著名的凱撒大帝能從一個沒落貴族榮升到羅馬最高統帥，建立起龐大的帝國，正是得益於沉重壓力的不斷驅策。

凱撒十九歲時，家族權威人士從集團利益出發，要求他放棄原來的婚約，與當權派人家的女兒攀親，甚至不惜使出各種手段進行脅迫。面對壓頂的阻力，凱撒毫不退縮，堅持自己的主張，甘願讓個人財產和妻子的嫁妝被沒收，並上演了一場出逃完婚的劇碼，為自己贏得了信守諾言的美譽，這也是後來將士們願意追隨他的重要原因。

當凱撒搬開第一個巨大壓力後，他又用了足足三十八年的時間，一步步從軍營、戰場走向政壇，而在這過程中，他時刻都要對抗難以計數的壓力。在與壓力抗衡的過程中，凱撒沒有浪費時間去煩惱，而是把越來越沉重的壓力變成動力，他不斷挖掘自己的各種優勢，包括發揮他的軍事才能，並用他英俊的容貌、機智的談吐以及堅毅鎮定的心志博得大家的重視，徹底掃除攔在成功前面的障礙。

美國總統華盛頓說：「一切和諧與平衡、健康與健美、成功與幸福，都是由樂觀與希望的向上心理產生的。」不因壓力而放棄既定的目標，這是凱撒取得輝煌成績的原因之一。

明知道壓力不可能消失，整天妄想沒有壓力的生活無疑是給自己心裏添愁。

遭遇壓力時最聰明的做法就是趕緊跳出來，分析自己的壓力來源，思考如何將它轉變成有效的動力。

壓力太大，容易讓人一蹶不振；壓力太小，又容易讓人滋生惰性。適度的壓力，不僅能讓人保持清醒和活力，還能讓人產生自我認同的心理。

拿拳擊比賽來說，有經驗的教練都會幫選手挑選實力差不多、剛好可以刺激選手鬥志的陪練進行訓練，讓選手可以在每一次比試中慢慢地進步。因爲有外來的刺激，選手們不會有停滯不前的困惑，也不會盲目自信。如此，他們才能通過不斷克服壓力，逐漸提升自己的實力。

既然壓力人人都有，無法完全消除，那麼，何不利用壓力來改變我們的生活，創造出一個自己想要的結果呢？

詩人歌德說：「大自然把人們困在黑暗之中，迫使人們永遠嚮往光明。」

二十世紀最偉大的喜劇演員卓別林出生於演員世家，父母因感情不和而離

異。當卓別林身體虛弱的母親在一次演唱時遭到觀眾喝倒彩，即將失去她唯一的經濟來源時，小卓別林卻意外地被帶到臺上代替母親繼續演出。

沒有想到，卓別林雖然是初次表演，卻十分冷靜，他故意裝出和母親一樣的沙啞歌喉來演唱，最後竟意外得到了觀眾的認可，贏得了熱烈的掌聲。

雖然這個壓力來得很突然，但卓別林卻能及時解除。這次的表演，無疑是他成功的第一個信號。

拿破崙曾說：「最困難之時，就是離成功不遠之日。」從那以後，儘管生活還是無比艱難，但卓別林卻體會到了自己在舞臺上的魅力，他忘記了那些貧苦、抱怨，一次次認真學習表演的技巧。

一九二五年，卓別林完成了描寫十九世紀末美國發生的淘金狂潮長片《淘金記》，奠定了他在藝術界的地位。但是壓力並不會因為成功的到來而卻步。由於有聲電影逐漸取代了傳統的默片，卓別林的日子又變得難熬了，不僅要面對事業的沒落，還要承受母親去世的悲傷，還有和妻子沸沸揚揚的離婚案，以及電影《城市之光》的停停拍拍及放映權的談判……重重壓力下，一貫以喜劇角色出現在世人面前的卓別林彷彿蒼老了二十歲，一縷縷白髮悄悄滲出。

當卓別林突然意識到自己的頹喪於事無補時，他決定放下壓力，橫渡大西洋展開一次歐亞之旅，既能散心，又可以趁機為新片做宣傳和吸收新知。

卓別林用了很長一段時間才讓自己在壓力中恢復工作激情，最後，他終於重拾風采，帶著《摩登時代》出現在人們前面，獲得了巨大的成功。

每個人在每個時期都會碰到壓力。壓力來臨的時候，我們要做的不是退縮、迴避，而是應該認真地接受它，找到改善的方法，如此才能把因爲情緒所產生的不必要壓力統統釋放出來。

用勇氣和智慧去正視壓力，壓力就會變小，事態也會漸漸朝好的方向變換，這就是眼前的大成功。

6／接受不完美是營造快樂人生的技巧

有位偉大的雕刻家，他的藝術是如此完美，以至於他的雕像幾乎難以與真人區分開來。有一天，占星師告訴雕刻家，死亡即將來臨。雕刻家非常傷心，他十分害怕，就像所有人一樣，他也想避免死亡。他靜心思索，最後想到了一個方法：他做了十一個自己的雕像，當死神來敲門時，他藏在那十一個雕像中，屏住了呼吸。

死神感到很困惑，他無法相信自己的眼睛，從沒聽說過上帝會創造出兩個完全一樣的人，他的創造總是獨一無二的。

這到底是怎麼回事？十二個一模一樣的人？現在，他該帶走哪一個呢？他只能帶走一個……死神無法做決定。帶著困惑，他回去向上帝請教：「你到底做了什麼？居然會有十二個一模一樣的人，而我要帶回來的只有一個，我該如何選擇？」

上帝微笑地把死神叫到身旁，在死神耳旁輕聲說了一個方法，一個能夠在「贗品」之中找出真品的方法。他給了死神一個秘密暗號，他說：「只要說出這個暗號，你就能找到他。」

死神問：「真的有用嗎？」

上帝說：「別擔心，你試了就知道了。」

帶著懷疑的心情，死神又來到了雕刻家的房間。他往四周看了看，說：「先生，一切都非常完美，只有一件小事例外。你做得非常好，但你忘記了一點，所以仍然有個小小的瑕疵。」

雕刻家完全忘記了自己躲起來的初衷，他立刻跳出來問道：「什麼瑕疵？」

死神笑著說：「抓到你了吧，這就是瑕疵——你無法忘記你自己。天堂都沒有完美的東西，何況人間？別廢話了，跟我走吧！」

是啊，天堂都沒有完美的東西，何況人間？

你還在事事追求完美麼？你有沒有想過你生命的長度？你真的以爲世界上有完美的愛人、完美的朋友、完美的工作、完美的老闆？你只是在浪費時間，浪費那點本來就少得可憐的時間。你肯定還要把大量時間花在唏噓感歎上，感歎完美真的好難。

放棄完美主義吧，不要把你有限的生命浪費在虛無的完美之中。

從前，有一位畫家想畫出一幅人人見了都喜歡的畫。畫畢，他拿到市場上去展出。他在畫旁放了一支筆，並附上說明：每一位觀賞者，如果認為此畫有欠佳之筆，均可在畫中作記號。

晚上，畫家取回了畫，發現整個畫面都塗滿了記號，沒有哪一筆是不被指責的。畫家對這次嘗試感到十分失望。

幾天後，畫家又畫了一幅同樣的畫拿到市場展出。可這一次，他要求每位觀賞者將其最為欣賞的妙筆都標上記號。當畫家再取回畫時，畫上一切曾被指責的敗筆，如今都換上了讚美的標記。

「哦！」畫家不無感慨地說道，「我現在發現了一個奧妙，那就是：我們不管幹什麼，只要使一部分人滿意就夠了。因為，在有些人看來是醜的東西，在另一些人眼裏恰恰是美好的。」

任何人都不可能讓所有的人都肯定自己，既然如此，何必因爲別人的言論而否定自己呢？生活本身就是不完美的，不要奢望自己能受到所有人的歡迎。追求完美即是不完美。生活中，多少失落、痛苦和不幸正是源於此。只有在不完美中，人們才能找到自己人生的定位。不完美是「昨夜西風凋碧樹」的清醒，而完美往往是「高處不勝寒」的迷惘。

有人甚至說，正是身體上的不完美成就了霍金。暫且不論此話妥當與否，不可否認的是：正是這種不完美，使他意識到只有靠超越常人的思維才能立足於社會。類似這樣的事例不勝枚舉。

過失與缺憾本就是人生的一大組成部分，只有經歷過無數次的過失與缺憾，才能在風雨之後看到彩虹。

接受不完美，是生存的智慧，更是營造快樂人生的技巧。善於接受不完美者，必定會隨處有緣，擁有幸福人生。

7／認識到世界上沒有絕對的公平

職場中似乎總是充滿了各種不公平，激起我們的負面情緒，阻礙工作的積極性。記住，世界上沒有絕對的公平。尤其是在職場中，面對複雜的人際關係和利益衝突，被批評、受委屈在所難免。生氣發火於事無補，那就學會幽默智慧地應對吧。

人在職場，很多時候不得不承受一些委屈，比如，自己在工作中一直盡心盡責，卻因爲某些客觀的或者其他人的人爲原因而造成工作中出現問題，老闆卻把問題全算在了自己的身上，這樣的委屈經常發生。解決這樣的問題，首先要從自己身上找原因。

不過，誤會和冤枉是應該有底線的。如果事件嚴重，影響到了公司的利益問題、形象問題，讓老闆或上司對自己產生了很大的失望和懷疑，那就一定要維護自己的聲譽和利益。因爲如果這種誤解或冤枉不能及時消除，可能會給我們造成心理壓力和精神負擔，還有可能會影響到我們的晉升，嚴重損害上下級關係。因此，面對老闆或上司的誤解，我們要控制好自己的情緒，坦然面對並及時消除誤解，這一點最重要。

但更關鍵的是，我們不能只知道抱怨老闆或上司，卻不反省自己。忠實履行日常工作職責，全力以赴、盡職盡責地做好目前所做的工作，才能使我們漸漸地獲得價值提升。只要我們把自己的工作做得比別人更完美，凡是正直的老闆或上司，定會改變對我們的偏見。

有時候，老闆或上司對我們表現出來的誤解，也許是他們對我們的一種考驗，也許是一時的情緒反映，也許是我們自己真的有點問題，只是我們自己還沒有意識到而已。所以，一方面，我們要多從自身找原因，另一方面，我們要充分瞭解自己，有自知之明。

所謂「人貴有自知之明」，這實際上是說，每個人都應當對自己的素質、潛能、特長、缺陷、經驗等各種基本能力有一個清醒的認識，對自己在社會工作、生活中可能扮演的角色有一個明確的定位。心理學上把這種有自知之明的能力稱爲「自覺」，這通常包括察覺自己的情緒對言行的影響，瞭解並正確評估自己的資質、能力與局限，相信自己的價值和能力等幾個方面。

有自知之明的人既能夠在他人面前展示自己的特長，又不會刻意掩蓋自己的欠缺。談及自己的不足而向他人求教，不但不會貶低自己，反而可以表示出虛心和自信的態度，贏得他人的青睞。

能夠正確地認識自己，正確理解老闆、上司的意圖，處理好與同事之間的人際關係，站在老闆的角度去想問題、做工作，積極主動地把工作做圓滿，我們就能少一些誤解。記住，幫助老闆或上司成功是讓自己獲得成功的最好方法。

雖然面對辦公室裏的不公平，我們不可以抱怨，但我們是不是除了無可奈何就什麼都不能做了呢？不是，我們能做的還有很多。

不可能事事公平，所以不必過於苛求

要知道，陽光公平地灑向大地，卻還是有地方被陰影覆蓋。公平是一種理想狀態，但卻不總是存在，過於苛求公平的人只是在自尋煩惱。

有時候不是不公平，而是你不夠成熟

總有人覺得自己埋頭苦幹卻沒有那些善於諂媚的人得到的多，其實這是一項職場生存的技能，只是你沒有學會而已。

與其抱怨不公平，不如努力找原因

當你覺得自己沒有評上優秀員工的時候，爲什麼不多找找自己身上的原因？也許是某一點小小的因素掩蓋了你的努力。

世界上沒有絕對的公平，所以，當我們生氣地咒罵辦公室的不公平時，不妨換一個角度來想，爲什麼我會遇到不公平？發現原因，再去改變它，豈不是比你怨天尤人要好得多？

所以，面對不公平，我們的態度應該是：坦然面對它，努力適應它，力爭改變它。作爲一個成熟的職場人，要時時刻刻明白這一點，以平常心、進取心來改變自己的生活和工作，這樣才能通向成功的彼岸。

中篇

修煉心態 做內心強大的自己

很多人抱怨生活實在太累，太不容易！既要揣摩別人的心思，又不能被別人猜出你的想法，即使不喜歡這種虛假的生活，但還是要無奈地堅持。在這紛繁複雜的世界，我們需要停下來，留下片刻的時間學著做個孩子，像孩子一樣思考，濾過事物外部的紛雜；像孩子一樣看問題，看到事物單純的本質。你會發現，世界總如陽光般明澈，原來棘手的問題是如此簡單。

第四章

舒緩情緒的生活小偏方

1／音樂不但可以「消氣」，還可以讓你更有氣質

上天賦予了人類一定分量的歡喜與哀愁，倘若你不懂得用好心情來平衡壞情緒，用新快樂來撫平舊傷痛，那你就大大辜負了人類左右情緒的天賦。

對於愛生氣的人來說，音樂是一個不錯的「解毒良藥」。一首適合當時心情的歌曲，總能讓我們在音樂中找到共鳴。聽著或輕快或緩慢的曲子，我們的心靈得到了放鬆，心中緊繃的弦也在音樂的感染下，變得柔軟而緩和。

音樂可以讓我們忘記一切不愉快的事情。迷茫的人可以在音樂中找到友愛；失意的人可以在音樂中找到堅強；彷徨的人可以在音樂中找到方向。

樂樂是個懂得發洩的女孩，就算再難過的事情，給她幾個小時的時間，那個自信從容的她就又回來了。

一次，樂樂本來是可以升到主管那個位置的，但是中間出現了一點小差錯，不僅沒有升職，還差點被開除。因此，所有的同事都認為樂樂第二天不會來上班。

但到了第二天，樂樂卻神采奕奕地來上班了，同事們對此都感到很吃驚。一些大膽的同事問她是怎麼做到的，她笑著說：「沒什麼啊，回到家中把音樂調到最大，放一首自己最喜歡的曲子，慢慢也就調整過來了。」

當領導看到樂樂的情緒恢復得這麼快，也在心裏暗暗佩服了一番。沒過多久，樂樂就憑藉自己出色的工作表現升職了。

對於現在很多人來說，一切喜怒哀樂都少不了音樂的陪伴。音樂不僅可以消除你心中的「鬱氣」，還可以讓你變得更有氣質。公車上，一個人塞著耳機、呆呆望著車窗外的場景，能讓人瞬間感受到唯美，這個時候的氣質是平時怎麼都偽裝不出來的；咖啡店裏那個聽著音樂看書的人，也常常會讓我們羨慕他（她）那份安靜而優雅的氣質。

閑來無事聽聽音樂，我們的情緒將變得日益鮮活，我們的日子也將變得日益溫馨。

2／壓力大嗎？運動幫你消除煩惱

「鍛煉身體？那是很久以前的事情了。」說到運動，大部分的人都覺得很遙遠，也覺得忙碌的生活中沒有時間鍛煉身體是很正常的事情。可是，和經常運動的人相比，他們更顯得沒有活力，甚至是更顯得蒼老。

一項新研究顯示，運動不僅能夠讓人們心情暢快，當人們面對精神壓力和情緒波動的問題時，還能幫助大家排憂解難。

馬里蘭大學公共健康大學運動機能學系助理教授史密斯做了一項研究，研究中，參與實驗的成員要做一段時長三十分鐘的休息期，或者是在兩天內每天騎三十分鐘的單車。

這項調查旨在測量活動前後的焦慮程度。接著，這些成員會看到一系列關於嬰兒、家庭和寵物的美好圖片，也會看到一些令人不快的描述暴力的圖片，還有一些附有盤子、水杯和傢俱的中性圖片。隨後，他們的焦慮程度將最終得以測出。

參與實驗的調查在他們三十分鐘的運動或休息之後迅速完成。調查顯示，在這些情況下，降低焦慮程度的影響作用是同等的。

然而，在看過那些圖片後，進行休息的人，焦慮程度上升到了他們的最初點；而那些做運動的人，則保持在了他們降低焦慮後的程度。

史密斯說：「我們發現，運動有助於排解情緒釋放的影響。如果你去做運動，不僅可以減壓，還能在我們面對情緒情感問題時幫助我們更好地控制它。」

三十七歲的許燕是一家房地產的銷售經理，平時經常在外跑業務，要不就是在自己的辦公室裏分析資料。雖然，大學的時候她也很愛好體育鍛煉，可是參加工作之後就很少運動了。

一次，許燕遇到了大學好友謝靜。謝靜雖然帶著兩個孩子，但和許燕站在一起卻顯得很年輕，像不到三十歲的女人。

當兩人交談的時候，許燕就順嘴問了起來：「小靜，你看起來這麼年輕，有什麼好的秘訣嗎？」謝靜當時就笑了，然後就問許燕：「你還在堅持一些運動嗎？我記得你大學的時候很喜歡打羽毛球。」

許燕愣了一會兒，說道：「工作這麼忙，年紀也大了，哪還有什麼心思打羽毛球啊，最多也就是晚飯後散散步。」

謝靜這才說：「我以前也和你一樣，可是我女兒要中考的時候有體育這一項，那段時間為了督促孩子，我也跟著她一起鍛煉身體。慢慢地，我覺得自己變得更有活力了，精神狀態也好了很多，我老公也說我年輕了。你也該運動運動了，體驗一下運動帶給你的好處。」

「運動？還要去健身房，哪有時間哪有錢啊！」很多人都覺得做運動就要去健身房，要借助一些健身的器材進行鍛煉。其實，這是一種誤解。生活中，鍛煉身體的方式有很多種，比如晨跑、打羽毛球、爬樓梯、踢毽子、轉呼啦圈等，這些都是不錯的選擇。你可以在上班的路上、午休的時候或晚飯後的閒置時間等一些零碎的時間裏來鍛煉自己的身體。

鍛煉身體不是一朝一夕的事情，需要堅持，每週至少要鍛煉二到三次，如果可以天天做，那就最好了，「三天打魚、兩天曬網」地鍛煉是起不到什麼效果的。在鍛煉身體的時候，你可以選擇幾項自己喜歡的運動交替著做，比如游泳、慢跑、瑜伽、舞蹈、體操等。

歌德說過：「流水在碰到抵觸的地方，才把它的活力解放。」人的活力也是一樣，只有去激發它，它才會更完美地展現出來。所以，想要自己有青春的活力，就要長期堅持鍛煉身體，把身體內在的活力激發出來。

3／不妨「假裝快樂」來快速調整情緒

有人也許會說：誰不想讓自己過得快樂點啊，我也知道自己快不快樂關鍵在於自己的心態，可是我就是沒有辦法說服自己，讓自己快樂，我總是感覺有好多事情讓自己不快樂。到底該怎麼辦呢？

要想讓自己快樂，必須從自身的修煉做起，如此鍛煉自己的意念，你一定會快樂起來。

「假裝快樂」調整情緒——悲傷的情緒會導致人體新陳代謝減緩，所以人在悲傷的時候往往會精力衰退，興趣全無。「假裝快樂」是一種快速調整情緒獲得快樂的方法，雖然治標不治本，但的確有效。

心理學研究發現，人類身體和心理是互相影響、互相作用的整體，某種情緒會引發相應的肢體語言，比如憤怒時，我們會握緊拳頭，呼吸急促；快樂時，我們會嘴角上揚，面部肌肉放鬆。同樣，肢體語言的改變也會導致情緒的變化。當無法調整內心情緒時，你可以調整肢體語言，帶動出你需要的情緒。比如，強迫自己做微笑的動作，你就會發現內心開始湧動出歡喜的情緒。所以，假裝快樂，你會真的快樂起來，這就是身心互動原理。

行為獲得快樂——這種快樂感受還可以通過行爲獲得。當你情緒壓抑的時候，可以找個地方嘗試一下「笑功」的功效：先站直，然後身體前屈九十度，再後仰十度，並配合喊出「哈哈哈哈」的聲音，動作和聲音力求誇張，連做六次，前後對比就會有不同感受。相信你做完就不會再那麼鬱悶了！

修身養性——以上兩種方法都治標不治本，能否發自內心真正地快樂，還要看自己本身的工作態度和生活態度。也就是說，如果你自己沒有一個好的、積極向上的工作態度和生活態度，那麼，即使工作或生活在一個快樂的集體裏，你也依舊快樂不起來。

但要做到這點並不容易。每個人的性格、脾氣、承受挫折的能力都是不一樣的，可能有些人天生看事情就比較悲觀，容易往壞的方面想。因此，我們要修身養性，學會熱愛生活、熱愛工作，融入工作環境和工作群體，學會簡單、寬容，不斤斤計較，與人爲善。

找個快樂的人做伴——美國的職場心理專家安波頓通過研究認爲，快樂的市值是機會＋好人緣＋健康，有時，這甚至是無價之寶。快樂的人也擁有更多機會，這也是微軟總裁比爾．蓋茨在一次演講中提到的。他認為，一個每天都愁眉苦臉的人會成為辦公室的環保情緒破壞者，將其他員工的好心情變壞，所以他喜歡的員工是那種看上去陽光明媚的人，而升遷時也會更多地把機會給這樣的員工。

如果問職場中人，他們最喜歡同事身上什麼特質，想必一大半的人會回答：樂觀，積極進取。

在競爭壓力大的現代社會，每個人都面臨著一堆大大小小的生活問題，他沒有時間更沒有精力來傾聽你的煩惱。你逞一時之快希望他變成你情緒垃圾的接收站，你輕鬆了，但久而久之，只會讓他對你敬而遠之。

所以，快樂十分重要。

小劉性格內向，不愛說話，在公司很少跟同事交流，當同事說笑的時候，她老感覺與自己無關，也高興不起來。漸漸地，小劉感覺自己被同事淡忘了，自己在不在同事們都不會在意，為此，小劉感到很苦惱。

一次午餐的時候，她恰巧跟辦公室活潑開朗的小王坐在了一起，小王很自然地跟她搭起了話，還開玩笑說她清高，不與其他人「同流合污」。在談話的過程中，小劉得知她們居然回家順路，於是，兩人之後便經常在一起上下班。

在小王的影響下，小劉也漸漸變得愛說愛笑了。現在的她感覺辦公氣氛很融

洽，工作起來也比以前快樂了。她忽然明白，不是別人忽視了自己，而是自己遠離了別人，跟快樂的小王在一起，她才打開了這個心結。

你是不是也感覺自己被「邊緣化」了呢？或是跟同事關係不好，或是老闆不喜歡你，或是自己不愛說話、性格內向？

那麼，趕快去尋找能讓你快樂的人群吧！

遠離製造負面情緒的人——那些喜歡向同事製造負面情緒的人常常懷有的錯覺是：我和他是親密的同事，我常常口無遮攔，向他抱怨一切事情，不恰恰證明我和他沒有距離感，有什麼說什麼嗎？

其實，這樣做違反了人際關係交往的法則。即使是夫妻，也不是什麼都可以說的，什麼話都說的後果是夫妻關係變得更緊張。如果你一回家就向你的另一半發洩鬱悶，他心裏會怎麼想？第一次可能會安慰你，第二次、第三次呢？時間長了，陰影也就產生了。同樣的道理，有哪一位同事甘願當你的情緒垃圾接收站？

每天接收別人的「情緒垃圾」，可能會增加你自己體內毒素的堆積。美國科學家們做過一項科學實驗，發現如果一個人每天都處於鬱悶所帶來的負面情緒之中，體內的毒素分泌率比普通人要高出好幾倍。

4／找個時間學做孩子

幾乎一切偉人都用敬佩的眼光看孩子。孟子說：「大人者，不失其赤子之心者也。」巴斯卡說：「智慧把我們帶回到童年。」在偉人的眼中，孩子的心智尚未被歲月扭曲，保存著最寶貴的品質，值得大人們學習。

很多人抱怨生活實在太累，太不容易！既要揣摩別人的心思，又不能被別人猜出你的想法，即使不喜歡這種虛假的生活，但還是要無奈地堅持。在這紛繁複雜的世界，我們需要停下來，留下片刻的時間學著做個孩子，像孩子一樣思考，濾過事物外部的紛雜；像孩子一樣看問題，看到事物單純的本質。你會發現，世界總如陽光般明澈，原來棘手的問題是如此簡單。

有一個匈牙利木材商的兒子，很多人都覺得他笨。有一天，他做了一個夢，夢見自己寫的文章被諾貝爾看中了。他怕被人嘲笑，只將這個夢告訴了媽媽，媽

媽高興地告訴他上帝選中了他，他對此信以為真。從此，他真的喜歡上了寫作。後來，他因為是猶太人而被送進了集中營，那兒每天都有人精神崩潰，而他靠著信念活了下來。

離開集中營時，他心中只有一個想法：「我又可以從事我夢想的職業了！」一九六五年，他寫出了第一部作品；二〇〇二年，瑞典皇家文學院宣佈將諾貝爾文學獎授予他——凱爾泰斯・伊姆雷。「我只知道，當你喜歡做這件事，並且多少困難都打不倒你時，上帝就會抽出身來幫助你。」他說。

像孩子一樣執著地追求使他成功了。

很多時候，我們需要有孩子那種單純的執著。當孩子看到一顆十克拉鑽石和一個玻璃球時，孩子不會挑鑽石，因爲他認爲玻璃球更好玩，僅此而已。

愛默生說：「任何事物都不及偉大那樣簡單，事實上，能夠簡單便是偉大。」孩童簡單的思考是原始的思考，那超乎天地境界的思考也必定是簡單的。學會像孩子一樣思考，那種想法是那麼簡單，那麼純淨，同時也是那麼偉大。

有一次，前聯合國秘書長安南在莊園裏舉行為非洲貧困兒童募捐的慈善晚宴，應邀參加的都是富商和社會名流。

「歡迎你們，除了工作人員，沒有請柬的人不能進去。再說，這種場合也不適合你們進去，應邀參加的都是很重要的人士。」小露西被莊園入口處的保安攔住了。「叔叔，慈善不是錢，是心，對嗎？」人們都為這個真正充滿愛心的小女孩報以熱烈的掌聲。

與大人相比，孩子知識相對缺乏，但是他們富於好奇心和想像力，這些正是最寶貴的智力品質，因此，他們能夠不受習慣的支配，用全新的眼光看世界；與大人相比，孩子缺乏閱歷，但是他們誠實、坦蕩、率性，這些正是最寶貴的心靈品質，因此，他們能夠不受功利的支配，做事只憑真興趣。

曾幾何時，曾經感動過你的一切不能再感動你，吸引過你的一切不能再吸引你，甚至激怒過你的一切也無法再激怒你。你覺得生命平淡，心裏苦惱，再也不能像孩子一樣發現生活的美了。

一個母親和他的孩子在大街上走著。突然，這個男孩對他的媽媽說：「我聽見有一隻蟋蟀在叫。你聽到了嗎？」

媽媽仔細地聽了聽後回答道：「沒有，你一定是聽錯了。」

「不，我真的聽到一隻蟋蟀在叫。真的！我肯定！」

「現在到處是熙熙攘攘的人群，吵鬧聲、汽車喇叭聲、計程車尖叫聲……你怎麼可能在這裏聽到蟋蟀的叫聲！」

「我肯定我聽到了的。」男孩一邊回答，一邊屏氣凝神地搜尋著聲音的來源。他們走過一個街的拐角，再穿過一條街道，然後四處尋找。最後，那個小男孩真的在一個小角落裏發現了一隻蟋蟀。

一顆童心，即使是在喧鬧的大街上，也能聽到自己想要的聲音。有時，留住童心就等於留住了一個好的心態。

當你的耳朵聽慣了數鈔票的聲音，聽慣了上級的命令聲，聽慣了下級的恭維聲，它對生活本身所隱藏的那些美妙聲音的感受力就會變得無比遲鈍；當你的眼睛戴上了有色眼鏡，看到的就是滿眼的灰色，生活中那美麗的彩虹怎麼都無法進入你的視線之內。

其實，生活不是沒有激情，青春不是已經流逝，而是你的心老了，不再有發現美的能力。如果一個人沒有一點童心，他的生活一定充滿了抱怨，充滿了苛求。

哈利在火車站候車時，看到了一群孩子。這些孩子都缺了一條腿，他們正在艱難地往臺階上爬，有個男孩還必須靠人抱著上去，可他們所有的人都有說有笑。哈利對他們的笑聲和快樂的心情感到非常吃驚，他跟一個帶領這批孩子的人提到了這一點。「呵，是的，」那個人說，「當一個孩子發覺他一輩子將是個跛子時，最初會驚愕不已，但是，等他的驚愕消失之後，他就會接受自己的命運，於是就變得跟一般正常的孩子一樣快樂。」

也許糟糕的境遇、貧困和厄運不能將你擊倒，但是精神和心境的疲倦卻能讓一個人站不起來。本來活得好好的，各方面的環境都不錯，但你卻常常心生厭倦。當你工作著的時候，你渴望過一種自由自在、肆意放鬆的生活；當你真正無所事事時，你又企盼著工作時的那份充實和忙碌；等到工作時，你又會覺得還是不工作好，永遠都不能像孩子一樣對生活充滿激情。

很多時候，迷茫和猶豫大都源自複雜的思考方式，唯有像孩子一樣，才能還原生命的本色。在他們眼裏，沒有世俗，沒有羈絆，有的只是純淨的快樂。只有停下腳步的人，才能窺見生命之美。停一停，望一望，生活的美麗便會進入你的視線。只要換一個思維方式，你就能看到不同的風景。

有時候，純真點和簡單點未嘗不是一件好事。簡單地思考問題，簡單地生活，簡單地用一顆純純的心來對待每一個人。孩提時，我們就像一張白紙，一片空白，沒有任何塗鴉，所以思考問題的方式比較單純，想得比較簡單。但是隨著年齡的增長，我們的閱歷一天天豐富起來，受到各方面的影響越來越大，思考模式也漸漸變得複雜。思考一個問題，我們會想前

想後、顧左顧右，會考慮到問題周邊的每一個小細節，會設想問題產生的後果，會……解決一個問題，竟然需要這麼多工序，有時顧多了反而會事與願違。

孩子碰到不愉快的事時會怎麼處理呢？

當孩子討厭誰時，他會直接或間接告訴對方「我不想和你玩」；當孩子傷害了自己的朋友時，他會勇敢地說「對不起」，然後他們會和好如初；當孩子感到高興時，他就會笑，才不管是在教室裏課堂上；當孩子傷心時，他就會大聲地哭，才不管家長在旁邊勸了多久，但哭過之後又會馬上忘掉……這就是孩子的方法，「幼稚」卻純真，「不講道理」卻不矯揉造作，「毫無顧忌」卻讓人容易理解接受。與此相比，我們考慮成熟的理性做法其實不過是爲了維護我們可憐的「面子」以及「不想吃虧」的脆弱的自私心。我們用快樂去交換虛榮，用健康去換得金錢，這樣的生活能有純淨的快樂嗎？

長大了的我們，腦子複雜了，思維空間大了，卻丟掉了寶貴的純真。還記得《皇帝的新裝》嗎？那些愚昧的大臣們，那些膽小的百姓們，明明知道皇帝什麼都沒有穿，但是個個都不敢言，只有一個孩子喊著：「他怎麼什麼都沒穿？」純真的孩子道出了事實的真相，說出了大多數人不敢說的心裏話。我們需要的不正是這樣的純真嗎？

純真你還有嗎？悄悄地問問自己。失去了，別擔心，慢慢把它找回來；若還保留著，記得要珍惜。讓我們像孩子一樣，用一顆純真的心去生活，去工作，去享受。

5／為愛好留一片天地

匆忙中，很多人漸漸丟掉了曾經固守的最爲寶貴的愛好。曾有人如此感歎：「剛畢業的時候還在週末參加攝影采風，或者聽個音樂講座，爲了自己的愛好。但現在一問起，大家的答案驚人地一致：『現在哪有時間啊？』」這樣的現象讓人心疼卻無奈。

愛好是一種樂趣、一種情調，它能豐富人的精神世界，拓寬生命的邊界。正因爲有了多種多樣的愛好，人生才能豐富多彩。愛好可以引導一個人尋覓與發現人生與社會之中許多未知與美好，甚至能成爲人生的嚮導。在由愛好搭建起的生活空間裏，我們可以自得其樂，盡情發揮。

有研究表明，有愛好的人更有熱情、更有情趣，而且對事專心和執著。一個長期的愛好不僅對個人來說是心靈的寄託，也是朋友間聯繫的紐帶。

愛好不是打發時間、可有可無的存在，它與生活品質乃至生活格調、人生境界都有關係。無論你所從事的工作與愛好是否一致，愛好於你而言都是一種撫慰，只有心中始終存有

期盼和熱愛，生活才能變得有滋有味。當然，這裏提到的愛好並不是指一般的休閒娛樂活動，而是指足以讓你喜愛、沉迷以及鑽研的事物。

常常聽到一些年輕人訴說生活苦悶、無聊，他們中有些人常到電影院或夜店去消磨閒置時間，但當夜深人散時，內心卻生出加倍的寂寞和空虛。這是因爲他們沒有到心靈深處去尋求真正屬於自己的那份愛好。

真正的愛好應該是在工作之餘，打開琴蓋，奏一支曲子；夜晚睡覺之前，掀開書頁，讀幾篇好文章；內心苦悶之時，拿起筆，寫一首小詩，或隨意寫下你心中要說的話；閒暇的時光中，打開顏料盒，把你窗前的一枝新綠描畫下來……

健康的愛好，猶如生活的滋養劑，讓人充分地享受人生的樂趣，幫助提高生活品質。只要自己樂意去培植，每個人的生命樹上都可以開出最可愛的花，結出最甘美的果子。

工作再忙，也要給自己的愛好留一點時間和空間，因爲這意味著給自己的精神和心靈留一點時間和空間。只有堅持愛好，精神才會有所寄託，心靈才會有所附著。

哈佛大學曾進行過一項調查，針對美國一千五百名學生，詢問他們選擇自己的專業是出於愛好還是爲了賺錢。調查資料顯示，二百四十五名學生表示是出於愛好，一千二百五十五名學生回答是爲了賺錢。這項調查累計進行了十年，目的是瞭解爲了金錢和愛好而努力奮鬥的兩種人，他們最後各有多少人成了富翁。十年後的結果顯示，二百四十五名學生中，因爲愛好而奮鬥的人中有一百人成了富翁；而在一千二百五十五名學生中，爲了金錢而工作的人中，只有一人成了富翁。

在現實生活中，有的人爲了成功放棄了自己其他的一切，到頭來卻一無所獲；而許多孜孜不倦地爲愛好而奮鬥的人，卻往往能心想事成。

現實中的名人或者各行各業的成功者，在其出色的本職工作之外，都堅持著或多或少的業餘愛好，有的還被傳爲佳話。

周潤發早在無線訓練班時，就對攝影感興趣。一九九七年，在迎接香港回歸的一次大型影展上，周潤發的姐姐周聰玲用化名拿了他拍的三張照片參展，結果，其中一幅以番茄為全景的照片獲得了三等獎。現在，周潤發不管走到哪裏都自帶攝影器材，而且所拍照片都是自己親手沖洗。他曾經對外宣稱：老婆之外，他和攝影機的關係最密切。

文藝界裏還有很多名人喜歡書法，如老一代的相聲大師侯寶林、馬季、姜昆，還有演員唐國強、張鐵林等。

如果一時找不到這種文藝、技術方面的愛好，我們可以先從堅持參加運動做起，培養業餘愛好。堅持參加運動不僅能增強體質，還可幫助驅逐不良情緒。適當健康的業餘愛好不僅可豐富原本較爲單調的生活，還能起到放鬆緊張情緒的作用。

青少年要注重和追求自己的深度愛好，因爲不管他人怎麼看，只要找到屬於自己愛好範疇的東西，你就能真正達到享受的境界。需要注意的是，應該以放鬆的心態去面對業餘愛好，不必事事爭先。在這上面爭強好勝，對自己與他人都不是好事。

做感興趣的事，不論旁人是否贊許，自己都會由衷地感到快樂；做厭惡的事，即使很多人覺得那是享受之事，自己也會痛苦難耐。然而，興趣的取向未必可靠，因爲有的興趣會妨礙人在世間的營生，也就是說，興趣未必能當飯吃。在興趣和吃飯不能兼得時，我們必須把興趣轉到業餘，形成業餘愛好。

但實際上，很大一部分人都不瞭解自己真正的愛好到底是什麼，他們也分不清愛好與簡單的欲望之間的區別。有的人可能會不斷地發掘出新的愛好，有的人則本來就有多個愛好。不管怎樣，最爲重要的是，要能積極地對待潛在的愛好，確定核心的愛好，並且與愛好一同成長。爲愛好留一片天地，你會發現自己的天地也變得寬廣起來了。

6／深呼吸讓你隨時放鬆

深呼吸，又叫橫膈膜呼吸，能夠讓我們更放鬆。這與我們處理緊急事物的本能反應正好相反。本能反應是身體遇到緊急情況時所做出的反應，比如一輛失控的汽車從前面突然向你衝來，在這種情況下，出於安全，你會迅速跳開；你的氣息會加快（如急促地大口喘氣），心跳會加速，血壓也會升高，體內會充滿腎上腺素和其他一些重要激素；你的瞳孔會擴大（這樣你會看得更清楚），汗腺也會變得很活躍（這也是你會發熱出汗的原因）。對於真正的緊急情況（如遭遇突然衝來的汽車）來說，這些反應當然是再好不過了。

而在放鬆反應中，你的生理系統與緊張反應幾乎完全相反。你的呼吸變緩，心跳減慢，瞳孔收縮，汗液也少了。簡單地說，就是身體從緊張的模式中放鬆了下來。

令人驚奇的是，我們可以通過改變呼吸方式來進入放鬆反應。因爲呼吸是一種很特殊的活動，我們一般都是無意識地呼吸，不管你在做什麼，沉睡也好，迎風起舞也好，我們的肺都在吸入氧氣呼出二氧化碳。解剖學上稱其爲自動功能，如同心臟的運行一樣，不用我們說

「你那樣做吧」，它就會讓血液在身體裏歡快地循環，或者像肝臟分泌酶、肺自動吸入和呼出氣體一樣，自動地工作。

奇怪的是，雖然是自動地呼吸，但我們依然能控制它。也正因爲如此，我們才能在潛入水下尋找珊瑚時屏住呼吸，或在合唱時放慢呼吸以發出高音。此外，我們還能改變自己呼吸的特性，比如在「危機」之前，我們可以放慢呼吸獲得片刻的寧靜。

下面，給你的呼吸特性做一個實驗吧，檢測一下你呼吸的速度、節奏和感覺（急促還是緩慢）。

你可以坐著，也可以躺著，有意識地試著短促地淺呼吸幾次（如果你患有哮喘、肺氣腫或恐慌症，可以跳過這一練習）。簡單的順序是：你開始擔憂，甚至過度擔憂，可能你會注意到胸部和肩膀變得特別活躍。記住：不要運動得太快，在幾秒鐘之內做大量的呼吸會讓你發暈。

現在回到正常的呼吸，接著長長地均勻地呼吸，然後更加放鬆地充分呼吸，最後進行腹部深深的呼吸。即使你不會橫膈膜呼吸的技巧（可能你還需要更多的練習），但做完以後，你會立即覺得比先前更寧靜了。當然，你還得經常練習深呼吸的技巧，在危機關頭，深呼吸更管用。

深呼吸還有一個作用：它能改善我們呼吸的效果。其原理是這樣的：當你呼吸時，氧氣進入肺部並流向無數的肺泡和微小的氣囊，這些微妙的薄膜被環繞在無數的血管中。在這裏，氧氣被傳送到血液中，並通過動脈進入大腦、肌肉、神經和內臟，為它們注入活力。如果只是淺淺地呼吸，含有氧氣的氣流只會集中在肺上部三分之二處，而這一部分的血液對肺的下半部來說根本不夠用。因此，當淺呼吸時，你必須加快呼吸頻率以獲取足夠的氧氣。這意味著，與深呼吸相比，淺呼吸要求肺部和心臟必須更費力地工作。這樣的結果是，你的脈搏跳動加快，血壓也會升高。如果長期保持這種呼吸方式，你會感覺焦慮和疲憊。

但是，深呼吸會使氧氣到達肺部深處，因此會有足夠的血液把氧氣傳送到你身體的所有部位。這樣，你的心臟在輸出同量氧氣的情況下，就可以更緩慢地跳動。心率放慢了，血壓就會降下來。簡要總結一下就是：少些壓力在心頭，少些疲勞在你身。

再從另一個角度來看，當你分別進行以胸式為主呼吸和以橫膈膜式為主呼吸時，對比一下你每分鐘和每天需要呼吸的次數。在第一種情況下，每分鐘十六至二十次，或每天二萬兩千至二萬五千次；在第二種情況下，每分鐘六至八次，或每天一萬至一萬兩千次。若兩種呼吸達到了同樣的效果，那麼胸式呼吸要比橫膈膜呼吸多費一倍力，而這部分是沒有必要付出的額外勞動。

此外，淺呼吸時，你阻礙著血液中的空氣，在低效地清理體內的排泄物——二氧化碳。血液中殘留過度的二氧化碳會對血液的酸度產生不利影響。其結果呢？你會覺得又疲勞又緊張，簡單直白地說，就是覺得有壓力。

以上這些都是促使你做深呼吸的充分理由，而最好的理由就是你會感覺更好。

本章測試：

你是個知足常樂的人嗎？

知足，就是對事情的狀況感到滿意。知足常樂，強調的是一種心態，是說要以正確的、平和的心態來對待寵辱得失。

知足心就靜，心靜自然樂在其中。

在這個物欲橫流的社會，你能保持一個平和的心境嗎？請按照實際情況來選擇。

1 你是否覺得自己被迫循規蹈矩？

(A)是的，有時是這樣 (B)很少或從不 (C)是的，我經常因為必須循規蹈矩而感到沮喪

2 你是否喜歡自己的工作？

(A)大多數時候是，但不總是 (B)是的 (C)基本上不是這樣

3 你認為下面哪個詞是對你最好的概括？

(A)安定的 (B)感到滿意的 (C)不平靜的

4 你是否做了一些讓你良心不安的事？

(A)是的，有時候 (B)很少或從不 (C)是的，我在這方面很擔心

5 你對生活是否抱有一種輕鬆的態度？
(A)是的，對大多數事情是這樣。但是，有些事情很重要，不是那麼容易放得下　B.總的來說，我的確是採取一種輕鬆的態度對待生活　C.我不認為自己是一個很輕鬆愉快的人

6 你是否會因為自己的失敗而拿別人出氣？
(A)偶爾　(B)很少或從不　(C)經常

7 你是否感到自己的生日是在比較幸運的星座上？
(A)也許我算比較幸運的　(B)絕對沒錯　(C)不

8 你是否已經實現了人生的大多數抱負？
(A)是的　(B)我現在不能找出特定的抱負需要我去實現　(C)完全不是

9 你如何看待未來？
(A)有一定程度的理解　(B)如果順利的話，會像現在一樣繼續發展　(C)我希望將來會比過去和現在要好得多

10 你擁有良好的睡眠嗎？
(A)我努力做，但不總是成功　(B)是的　(C)通常不太好

11 你是否感到自己有自卑感？
(A)可能，有時是這樣　(B)沒有　(C)是的

⑫ 你是否認為自己擁有忠誠和穩定的家庭生活？

（A）總的來說是這樣　（B）毫無疑問　（C）不是

⑬ 你覺得自己有沒有充分享受自己的業餘時間？

（A）也許我的業餘活動沒有我希望的多　（B）是的　（C）沒有，因為我沒有時間參加業餘活動

⑭ 你是否考慮過通過做整形手術來讓自己變得漂亮一些？

（A）可能　（B）沒有　（C）是的

⑮ 如果讓你回顧並且評價自己的人生，下面哪句話最適合？

（A）基本上滿意，但我認為自己還能夠獲得更多　（B）我要感謝上天的恩賜，因為我人生的順境要多於逆境　（C）我多少會感到有些生氣，因為我沒有實現自己的人生價值

⑯ 你是否很容易休息放鬆？

（A）有的時候容易，有的時候比較困難　（B）很容易　（C）一點也不容易

⑰ 你是否已得到人生中應該得到的大多數東西？

（A）基本上是這樣　（B）我認為我得到了　（C）我認為我沒有得到

⑱ 你是否經常希望自己是另一個人？

（A）不經常，但偶爾會認為有些人比我幸運　（B）我從來沒有認真考慮過　（C）我經常希望自己是另一個人

19 如果讓你變換生活方式一年時間，你願意嗎？

(A)在特定的情況下有可能　(B)我認為我不會　(C)是的，我會接受這樣的機會

20 你是否覺得機會總是從身邊溜走？

(A)有時　(B)很少或從不　(C)經常

21 你嫉妒其他人的財產嗎？

(A)偶爾　(B)很少或從不　(C)經常

22 你是否經常因為做得太少而沮喪？

(A)有時　(B)很少或從不　(C)幾乎始終是這樣

23 你是否渴望異乎尋常的假期，它可以讓你完全逃避現實？

(A)是的，有時候　(B)假期是不錯，但對我來說不是必不可少的　(C)是的，經常這樣想

24 你是否嫉妒富人或名人？

(A)偶爾　(B)很少或從不　(C)經常

25 你對自己感到滿意嗎？

(A)偶爾　(B)經常　(C)很少或從不

計分標準

選A得一分，選B得二分，選C不得分。

測試結果

少於廿五分：你對自己的生活不太滿意。

也許你對沒有實現自己的人生夢想或者已經精疲力竭而感到非常無奈和痛苦；也許你認為人生太過短暫，你沒有足夠的時間去做許多你想要做的事情；也許你實在不滿意當前所從事的工作，而且在工作的時候你常常會想到許多你真正願意做的事情；也許你正在經歷人生中一個困難或緊張的時期，這種情況是我們每個人都可能遇到的。

如果情況確如上面所述，那麼現在正是審視並評價自己人生的好時候，而且，你要特別注意積極的方面，捫心自問得到了什麼。也許你擁有一份穩定而喜歡的工作和一個和睦的家庭，這本身就是一種成就；也許你有一項喜愛的運動或業餘愛好，而且可以傾注更多的時間從中享受樂趣……所有這些都是值得為之感激的，而不是失望的理由。

廿五至三十九分：你對自己的人生基本滿意，儘管可能你還沒有意識到這一點。

儘管你並不缺乏雄心壯志，但你不會為了追求這些目標而去冒風險，包括危及到你自己的快樂和現有的生活方式，以及那些和你最親近的人。

但是，在你的內心深處，經常會有一種不滿足感，因為你自認為可以獲得更多，並且因此而多少感到有些遺憾。

儘管如此，你還是認為總的來說，自己的目標大部分已經實現，因此，沒有理由做任何改變，哪怕許多其他人，例如父母、老師、朋友和同事都急切地告訴你應該怎樣對待生活。畢竟，只有當這些目標對你來說很重要時，它們才算重要。因此，你才是自己的首席專家，你才有權決定自己人生的道路應該怎樣走。

四十至五十分：你的得分表明你對自己的生活感到滿意。因此，你可能擁有快樂和內心的安寧。正是這種快樂感染並影響了你周圍的人，尤其是你的直系親屬。

你是很幸運的一類人，能夠找到自己的小天地。你很懂得知足常樂，這正是許多人羨慕你的地方。

第五章

為心態尋得一份平衡

1／果斷地放棄是一種明智的選擇

人生實際上就是一個不斷選擇的過程，不同的選擇會使人生軌跡發生不同的變化。生活在五彩繽紛、充滿誘惑的世界上，我們渴求的東西太多太多，但歷史和現實生活告訴我們：必須學會選擇，學會放棄！

選擇對了，是成功的帆；選擇錯了，勢必會南轅北轍。尤其是遇到追求的目標不可能實現時，果斷地放棄是一種明智的選擇。

一對師徒走在路上，徒弟發現前方有一塊大石頭，便皺著眉頭停在了石頭前面。

師父問他：「為什麼不走了？」

徒弟苦著臉說：「這塊石頭擋著我的路，我走不過去了，怎麼辦？」

師父說：「路這麼寬，你怎麼不繞過去呢？」

徒弟回答道：「不，我不想繞，我就想從這塊石頭上邁過去！」

師父：「可能做到嗎？」

徒弟說：「我知道很難，但是我就是要邁過去，我就是要打倒這塊大石頭，我要戰勝它！」

經過艱難的嘗試，徒弟一次又一次地失敗了。

最後，徒弟很痛苦：「我連這塊石頭都不能戰勝，又怎麼能完成偉大的理想呢？」

師父說：「你太執著了，對於做不到的事，不要盲目地堅持到底，要知道，有時堅持不如放棄。」

執著過了分，就轉變爲固執。要時刻留意自己執著的意念是否與成功的法則相抵觸。當然，追求成功並不意味著你必須全盤放棄自己的執著，而來遷就成功法則。你只需在意念上做合理的修正，使之符合成功者的經驗及建議，即可走上成功的輕鬆之道。

理智地放棄自己無法實現的夢想，放棄盲目的追求，是人生目標的重新確立，也是自我調整、自我保護的最佳方案。學會放棄，給自己另闢一條新路，往往會柳暗花明。

他是個農民，但他從小的理想是當作家。為此，他一如既往地努力著。十年

來，他堅持每天寫作五百字。每寫完一篇，他都是改了又改，精心地加工潤色，然後再充滿希望地寄往各地的報紙、雜誌。遺憾的是，儘管他很用功，可從來沒有一篇文章得以發表，甚至連一封退稿信都沒有收到過。

二十九歲那年，他總算收到了第一封退稿信，那是一位他多年來一直堅持投稿的刊物的編輯寄來的。信裏寫道：「看得出你是一個很努力的青年，但我不得不遺憾地告訴你，你的知識面過於狹窄，生活經歷也顯得過於蒼白。但我從你多年的來稿中發現，你的鋼筆字越來越出色了。」

就是這封退稿信，點醒了他的困惑。他意識到，自己不應該對某些無望的事堅持到底。於是，他毅然放棄了寫作，而練起了鋼筆書法，果然長進很快。現在，他已是一個小有名氣的硬筆書法家。

如果你以相當的精力長期從事一項事業，但仍舊看不到一點進步、一點成功的希望，那就不必浪費時間了。與其繼續無謂地消耗自己的力量，不如去尋找另一片沃土。目標是一種方向，需要恰當地選擇。假如你的一個目標發生了問題，就應當馬上更換一個目標，這樣才能挖掘你自己。

放棄，並不是讓你放棄既定的生活目標、放棄對事業的努力和追求，而是放棄那些已經力所不能及、不現實的生活目標。

放棄不是退縮和隱藏，而是教你如何在衡量自己的處境後有的放矢，聰明睿智地做出正確的選擇。

當人執拗於某一方面，如金錢、名譽、地位或某項工作時，往往會表現出只專注於此，而不考慮其他的情況。無論是生活的哪個方面，總戰術是「魚與熊掌兼得」，什麼都想要的人其實經常顧此失彼，甚至什麼也得不到。在現實社會中，誘惑實在太多了，在誘惑面前，我們只有著眼於大局，把握自己不合理的欲望，適當放棄，對不應得的不存非分之想，才是明智的行爲。

兩千多年前，魯國的大臣公儀休是一個嗜魚如命的人。他被提任宰相以後，魯國各地有許多人爭著給公儀休送魚。可是，公儀休卻連正眼都不看，並命令管事人員不可接受。

他的弟弟看到那麼多四面八方精選來的活魚都被退了回去，很是可惜，就問他：「哥哥你最喜歡吃魚，現在卻一條也不接受，這是為什麼？」

公儀休很嚴肅地對弟弟說：「正因為我愛吃魚，所以才不能接受這些人送的魚。你以為那些人是喜歡我、愛護我嗎？不是。他們喜歡的是宰相手中的權力，希望這個權力能偏袒他們，壓制別人，為他們辦事。吃了人家的魚，就要給送魚的人辦事，執法必然會有不公正的地方。不公正的事做多了，天長日久，哪能瞞

得住人？宰相的官位就會被人撤掉。到那時，不管我多想吃魚，他們也不會給我送來了，我也沒有薪俸買魚了。現在不接受他們的魚，公公正正地辦事，才能長遠地吃魚，靠人不如靠己呀！」

有一次，一個不知名的人偷偷往他家送了一些魚，他無法退回，就把魚掛在家門口，直到幾天後魚變得臭不可聞才把它們扔掉。從那以後，再也沒有人敢給他送魚了。

約束自己的得失之心，懂得爲自己的所作所爲負責，即使在無人知曉的情況下仍能自律的人，在人生道路上就能把握好自己的命運，不會爲得失越軌翻車。

放棄，未必就是怯懦無能的表現，未必就是遇難畏懼、臨陣脫逃的藉口。有時候，放棄恰恰是心靈高度的跨越，是睿智思索的最佳選擇。

2／最大的捨就是最大的得

人生在世，有許多東西是需要不斷放下的。人的一生，就是一個不斷學習放下的過程。生活中，那些什麼也不肯放下的人，往往會失去更珍貴的東西。

大學開學的第一天，教授給同學們上了別開生面的一課。他站在講臺上，平舉著兩手，沒有說任何話。

所有的同學們都為教授的這一舉動感到好奇。這時，教授說話了：「同學們，你們看我的手裏有什麼東西嗎？」

「沒有。」同學們一起回答。

教授又問：「我手上現在承受著多大的重量呢？」

「零克。」同學們異口同聲地回答。

教授頓了頓又問：「如果我的手一直以這樣的姿勢，十分鐘後會發生什麼事

情呢？」

「什麼事情都不會發生。」同學們回答。

「如果我的手這樣托一個小時，會發生什麼事情呢？」

「你的手臂會疼。」有一個學生回答。

「你說得對，」教授點了點頭，「如果一直這樣托一整天呢？」

「你的手臂會變得麻木，肌肉會嚴重拉傷和麻痹，最後肯定得去醫院。」有同學在底下說道。

「是的，也許這樣一整天後，我真的就得去醫院了。但是，在這期間，我手上的重量變了嗎？」教授問道。

「沒有。」同學們一起回答。

「那麼，在我的手臂開始疼痛之前，我應該做些什麼呢？」教授問道。

同學們有些疑惑不解，這時，有個同學說：「把手放下呀！」

「說得很對！」教授一邊將雙手放下，一邊說，「在生活中，我們可能會遇到各種各樣的問題，就像我剛才平舉雙手那樣，時間長了，就會雙臂麻木、肌肉拉傷，因此，我們要學習放下。生活中，之所以有很多人不開心、不快樂，就是因為他們沒有學會放下。其實，人生就是一個學習放下的過程，放下對權力的執著，我們才能收穫寧靜和淡泊；放下對金錢的貪戀，我們才能收穫安心和快樂；放下對他人的怨恨，我們才不會一直生活在痛苦中……只有學會放下，我們的心靈才會充滿陽光和溫暖，才能快樂地生活。」

就像這位教授所說：只有學會放下，我們才能讓自己生活得更加幸福、快樂。可是現在的人，生活富裕了，煩惱卻越來越多；收入增加了，快樂卻越來越少。快樂與否只是一種感覺，煩惱的多少，主要取決於自己的心態。一個人能否生活得快樂與幸福，關鍵要看他是否學會了放下。

兩個和尚外出化緣，路過一條河，在河邊，他們看到一個女子看著河水發愁，他們過去一問才知道，原來那個女子要過河，可是河水湍急，她擔心自己過不去。

這時，比較年長的和尚告訴她：「這樣吧，女施主，我來背你過河。」女子同意了，由和尚背著過了河。過河後，女子對他們說了很多感激的話，然後就離開了。

之後，兩個和尚繼續趕路。年紀較輕的和尚說：「你太不像話了，佛門弟子，不應該親近女色，而你卻背著一個女子過河，這實在是有違門規。回去以後，我得把這件事情告訴住持。」年長的和尚聽到這話以後大吃一驚，說：「你說什麼呢？我早就把她給放下了，你怎麼還沒放下呢？」

在人生旅途中，如果我們總是將成敗得失、功名利祿、恩恩怨怨、是是非非都牢記在心，讓那些傷心事、煩惱事、無聊事困擾著我們，那就相當於是背上了沉重的包袱、無形的枷鎖，生活必然會很辛苦。此時，我們要做的，就是學會放下。放下功名利祿、成敗得失，才能輕裝上陣，才能在以後的生活中不爲外物所累。

佛經上說，「如何向上?唯有放下。」只有學會了放下，我們才能從容地面對生活的諸多變故，心靈才能雲淡風輕。學會了放下，即使生活總是風生水起，我們的內心也依然可以波瀾不驚。

對於放下，很多人有不同的看法。放下是一種隨其自然的心態，人生總是在取捨之間，面對不同的選擇，我們應該學會放下，學會滿足，這是智者的心態，是成功的階梯。人只有放下生活中不必要的東西，才能邁出灑脫的一步，活出自我的風采。

放下，是一種生活的智慧，也是一門心靈的學問。放下的過程或許很痛苦，但是疼痛之後卻是輕鬆，你會活得更加從容。

3／放開錯的過去，才能遇見對的愛情

「問世間情爲何物?直叫人生死相許。」從古到今，剪不斷理還亂的，仍然是一個「情」字。紅塵中的男男女女，明明看起來頭腦清醒、處事果斷，可是一碰上感情，卻總是抽刀斷水水更流。

愛情中，在對的時間遇到對的人，是一種幸福，也是一種幸運。而世間，幸福和幸運並不總是眷顧每一個人。郎有情而妾無意，或是妾有意而郎無情，這樣的現象屢見不鮮，於是，就有了世間癡男怨女的產生。

每一個經歷愛情的男女，都多多少少會受到愛情的傷害。只是，在受傷的過程中，有的人選擇了退卻，選擇了封閉自己的內心；而有的人，則選擇讓自己重生，選擇安靜地放開錯的過去，重新等待對的愛情。

郭思雨和童浩波是大家公認的童男玉女。他們來自同一個城市，男的高大英俊，有修養，有學識，畢業後當了公務員；女的是系裏的系花，活力四射，畢業後在一家雜誌社做記者。兩個人無論是外形還是經濟條件都很般配。但相戀兩年後，在即將結婚的前三個月，兩個人卻宣佈了分手。

大家都忍不住問郭思雨：「是童浩波不好嗎？」

「他很好，好到我挑不出他的毛病。」郭思雨告訴朋友，如果她和童浩波結婚，那真的是一樁世人眼中最好的婚姻。在別人還要辛苦打拚的時候，兩個人因為家裏條件好，輕鬆地可以擁有房子、車子。麵包、牛奶、愛情，一應俱全。

可郭思雨是一個有激情、有夢想的人，而童浩波是一個按部就班的人，他滿足於現實生活的小情調，在郭思雨看來，有些不思進取。比如說，郭思雨買來一本不錯的書，希望童浩波也能讀一下，但他寧肯和同事吃吃喝喝打麻將，也不肯讀一頁。在童浩波看來，為了升官、晉級，吃喝搓麻將比讀書重要，因為那樣可以聯絡感情，讀書卻是白白浪費時間。

休息時，郭思雨喜歡去酒吧。她去那裏不是為了喝酒，而是想要瞭解市井人生的百態，邂逅某些人生不可多得的故事。這樣，她筆下的人物才會更豐滿，更有血有肉。而在童浩波看來，那是風塵女子去的地方。他們之間因為一些觀點不同而爭執，但不會爭吵，只會莫名其妙的誰也不理誰。

在郭思雨看來，這就是緣分盡了。

所以，他們分手了。

一年後，郭思雨有了新的男朋友，是一家報社的攝影記者。不久之後，他們就結婚了，婚後的生活也過得十分甜蜜。

一段看似唯美的愛情，未必能成就當事人眼中最好的婚姻。婚姻如鞋子，舒服不舒服只有自己親自穿在腳上才能感覺得到。外人往往只看到表面的唯美，而忽視了鞋子的舒適性。

明白的人懂得放棄，真情的人懂得犧牲，幸福的人懂得超脫。對不愛自己的人，最需要的是理解、放棄和祝福，一味地自作多情只是在乞求對方的施捨。愛與被愛，都是讓人幸福的事情，不要讓這些變成痛苦。

智者，用他們所不能擁有的來換取他們所不能失去的。戀愛中的人也應該以智者的方式來經營自己的愛情，而不是一味地遷就、妥協，讓愛情變質。

生活中，很多人都陷在雞肋般的愛情裏，不放手又味同嚼蠟，想放手又捨不得。抱住不適合自己的人不肯放棄，生怕在馬上到來的情人節裏單身一人顧影自憐，成爲一個被「愛情」拋棄的人。豈不知，只要愛對了人，每天都是情人節。

一個女孩苦苦追求到了她喜歡的男孩，可後來的生活並沒有她想的那麼幸福。男孩對她很糟糕，忽冷忽熱，經常對她發脾氣，有時候還當著她的面和別的

女人調情，通訊錄裏有一串曖昧者的手機號碼，更有時候半個月沒一個電話和短信。女孩的朋友都勸她離開男孩，可她就是捨不得，每次男孩說分手，她都哭著求他不要離開……

難道這是很多人所理解的專情嗎？生活中就是有這樣一些人，爲了能和自己所喜歡的人在一起，「一哭二鬧三上吊」，想以此挽留愛人。也許這留住了愛人的人，卻留不住他的心。更有甚者，爲了這而賠上了自己年輕而又燦爛的生命。

「專情」值得讚頌，可這並非是讓你專一在一個錯誤的人和錯誤的愛情上。

如果你在一份愛情裏得到的都是傷心和背叛，而非快樂和幸福，那就說明你正在進行一份錯誤的愛情，你和對方的遇見和相戀本身就是一個時差的錯誤，不值得你去苦苦挽留。與其把一個同自己未來毫無關係的人放在心裏，不如把心房清空，準備迎接下一個邂逅。你不放棄錯的，又怎麼能跟對的相逢？

請看清眼前，如果是下面幾種感情中的一種，那你還是儘早放手吧，這樣對誰都好。

你在乎對方比較多

你在談戀愛，卻不確定對方的想法；你覺得你們很合適，他（她）好像不以爲然；他（她）不在時你很想他（她），你不在時他（她）好像沒差別……這些表示什麼？二人若不同心，豈能同行？

戀愛中，有時候會有一方愛另一方較多的情形。若是在健全的感情中，會有交替的現象，兩人輪流扮演追求和被追求的角色；但如果有一方總是扮演追求者，這樣的感情就是不健全的，長久下去，你會對愛饑渴，會覺得受對方控制，進而感到憤怒、痛苦。

你愛的是對方的潛力

你愛的是對方的潛力，是對方未來可能的樣子，而不是對方真正的樣子，那他（她）根本就不是你想找的伴侶，而是你改造的對象。問問自己，如果對方五十年內都不會改變，你會滿意嗎？如果你一直希望能改變對方，才覺得比較滿意，那就不是愛，而是賭博，用雙方的快樂做賭注。

你跟一個人交往時，要愛和尊重對方的本相，而不是他（她）未來的樣子。你可以期望他（她）繼續成長，但你必須滿意他（她）現在的樣子。

你想要幫助對方

你常覺得對方很可憐嗎？你覺得自己有責任幫助對方振作起來嗎？你會不會害怕如果離開對方，他會受不了打擊？如果是，你恐怕是個「救難狂」。「救難狂」不會去找一個合適的對象，而會找一個令他同情、想要說明的對象。這樣的感情更像是一項救援任務，而不是

健全、平衡的感情。擔任救援任務的人，往往是把同情誤以爲愛。

這裏要牢記的關鍵是「尊重」，你愛的對象必須是你能夠尊重的人，你必須以對方爲榮，你的伴侶不要你的救援，而是要你真正瞭解他（她）。

把對方當作崇拜的對象

年輕的女明星愛上導演，大學生愛上教授，秘書愛上老闆……愛上所崇拜的對象，這種感情很難維持平衡，因爲兩人之間無法平等相處。這裏的平等不是指地位，而是指態度，不能過度崇拜對方。會愛上崇拜對象的人，通常缺乏自信心，他們覺得自己很糟糕。

你若不能愛自己，又怎麼去愛別人？

你只是被對方的外表吸引

每個人都會這樣，對嗎？如果你發現自己被對方的某個特質深深吸引，請問自己，若對方沒有那雙藍色的大眼睛、磁性的聲音，若對方不是模特兒，不會打籃球……我還會跟他（她）在一起嗎？

短暫朝夕相處的機會

你和對方分擔某個工作，常常要一起加班，於是你覺得愛上了對方；你去度假三周，認識了一個也來度假的人，你覺得好像墜入了情網。短暫的朝夕相處，是指在特殊情況下湊在一塊，並不是常軌，這種感情不能持久，因為短時間的朝夕相處，無法使你完全瞭解對方的個性。

為了叛逆才選擇這對象

父母老是跟你強調要找個有錢的對象，偏偏你每個男朋友都是窮光蛋；從小父母就對你管教嚴格，偏偏你每個女朋友都很隨便。如果你所選的對象老是令父母生氣，很可能你只是想叛逆，你覺得一定要做些什麼來反擊。當你不能控制自己的選擇時，說明你並不是真心愛對方，這段感情註定沒有結果。

對方不是自由身

「自由身」就是可以自由和你交往，沒有結婚，沒有訂婚，沒有固定的交往對象，只和你交往的人。

如果你愛上的那個男人答應會早點和另一個女人分手，或者你愛的那個女人總是和別的男人不清不楚，抑或對方答應跟你在一起，卻不願和現在的伴侶分手……這些都不是自

由身。

別和已婚或有對象的人交往，不管是什麼藉口，結果都一樣，你註定要心碎。別忘了，你只是接收了另一個人用剩的部分。

4／勇敢地面對「患得患失」並克服它

日常生活中，我們常常會犯患得患失的錯誤。面對一個機會，明明是平日裏非常想要得到的，但是在難得的機會面前，我們卻逃避了，害怕了，不想承擔，完全忘記了自己以往想念時候的苦悶，既不能坦然面對「失」，又不能豁然正視「得」。

《聖經》中有一個約拿的故事。約拿是一個非常虔誠的基督徒，他一直都希望可以得到神的重用。然而，上帝卻好像忽視了他，一直沒有給他任務。為此，約拿常常覺得悵然若失。一天，上帝終於滿足了約拿的願望，給了約拿一個任務，讓他去宣佈赦免一座本來要被毀滅的城市尼尼微城。可是，對於這個崇高而且是自己一直都想要得到的使命，約拿卻害怕、猶豫了，他覺得自己不行，他沒有信心扛起這個一直都想得到的「心願」。於是，約拿逃跑了，他放棄了這個任務，抗拒他一直都敬仰的神所安排的任務。上帝到處尋找他，懲戒他，不斷地喚

醒他……約拿幾經反覆和思考，終於戰勝了心中的矛盾，出色地完成了任務。

在現實生活中，或許我們也會像約拿那樣，不能坦然地看待事情。我們總是太在意事情外在的東西，過多地沉浸在自己的內心世界，肆意馳騁，縱使已經和現實脫軌，也不願走出來，不願正視事實。縱使我們知道自己的這種心理是不正確的，卻也無法戰勝。我們就和約拿一樣，既害怕得不到，也害怕得到。

可是，在上帝的感召和引導下，約拿最終戰勝了自己的畏懼心理，戰勝了自己患得患失的心理，取得了成功。所以，我們也可以丟掉自己患得患失的心理包袱，勇敢地面對人生世事。

只要擺正自己的位置，忠於內心的聲音，患得患失就將不復存在。

從前，有一個名叫后羿的人，他箭法精準，能夠百步穿楊，而且不管是立射、跪射還是騎射，他的箭幾乎從沒偏離過靶心。人們都非常佩服他，他神射手的名聲就傳到了夏王的耳朵裏。

一天，夏王將后羿召進宮中，想親眼看看他的精彩表演。后羿被帶到了夏王御花園的開闊地，那裏設有一個一尺見方、靶心直徑一寸的獸皮箭靶。

這對后羿來說根本不算什麼。可是，就在后羿準備射箭的時候，夏王說：

「為了給這次表演增加一點競爭氣氛，我來給你定個賞罰規則。如果先生能夠射中，我就賞賜你萬兩黃金；但是如果你射不中，那就會減你一千戶封地。」話畢，往日沉穩、鎮定的后羿發生了幾分變化，臉色凝重，心慌意亂。他沉重地取出一支箭，猶豫上弓，慢慢舉起，擺好姿勢，拉弓，瞄準。可是，后羿卻良久不射，想到自己這一箭的關鍵性，他拉弓的手也變得不自信了，微微顫抖；瞄準的眼睛也不夠閃亮，悵然失神；原本堅定的心也開始搖擺，亂了節奏……

「啪」的一聲，后羿失手了，箭離靶心幾寸遠，糟透了。第二箭，更是偏得離譜。后羿勉強陪笑，告辭離宮，心中無限失落。

夏王也非常失望，本想欣賞百步穿楊的精彩畫面，誰知后羿的表現卻大失水準。

夏王的大臣解釋道：「后羿平日射箭，隨心而射，一顆平常心讓他百射百中。可是，今天他的行為卻攸關切身利益，所以影響了神射的技術。看來，人只有真正將外在利益看淡，才可成為名副其實的神射手啊！」

后羿其實就是現實的映照。當我們面臨對自己非常重要的事物時，通常都會因過分在意結果而導致不能發揮出平日應有的水準，甚至大失水準。

患得患失既是一個人成功的大忌，也是一個人幸福生活的大忌。一旦我們產生患得患失的心理，就會憂心忡忡，不知所措；一旦我們產生患得患失的心理，就不可能用平常心對

待，這樣當然難有所爲。

人常說：輸不起，就別玩。可是，人生的道路不可能讓我們選擇不玩，所以，我們必須要輸得起。只有輸得起，人生路才能走得更好，才能玩得更快樂。

擁有了輸得起的心態，你就能淡看一切，一心一意地做自己的事情，如此，輸了也不怕，輸了也可以站起來。

人生就像一場賭局，只有輸得起的人才敢於挑戰精彩的人生，才不會畏畏縮縮地對待成敗，才能夠承受來自各個方面的壓力，才能夠更從容地應對一切，保持清醒的頭腦，不管是面臨挑戰還是面對失敗，都可以「贏」得人生。

在比賽場上，如果輸贏心思太重，就會影響發揮，讓人變得縮手縮腳、心理失衡，這樣很難取得好成績。賽場上，比的不光是你的技術，還有你的心態。越是渴望勝利，越是贏不了。輸不起的人，永遠也不能瀟灑地贏。

切記：不怕輸，才能夠更好地贏。勇敢地面對「患得患失」，並想方設法克服它，只有這樣，你才能有所作爲。

5／放下不是失去，而是為了更好地擁有

每個人的心靈空間都是有限的，要想裝下更多美好的東西，就需要丟棄一些不必要的內容。只有這樣，你的心靈才不會有太多的負累。

很多時候，我們之所以緊緊地抓住某個東西，遲遲不願鬆手，是因爲我們害怕，一旦放手，我們就會失去。實際上，放手並不等於失去，相反，它能讓你更好地擁有。放棄之後，你會一身輕鬆，太陽是全新的，外面的世界是全新的，那些舊的陰霾都已經消散，迎接你的是美好的明天。

不可否認，不放棄是一種良好的品性，但問題是，如果你所堅持的目標是錯誤的，而你仍要奮力向前，遲遲不願放手，那就叫愚蠢。在錯誤的道路上，過分堅持會導致更大的錯誤。成功者的秘訣是隨時檢查自己的選擇是否出現了偏差，並合理地調整目標。放棄無謂的堅持，你才能輕鬆地走向成功。

因此，我們要學會靈活地看待放棄和選擇。

諾貝爾獎得主萊納斯．波林說：「一個好的研究者應該知道發揮哪些構想，丟棄哪些構想，否則，會浪費很多時間在無用的事情上。」

很多時候，人們只看到了放下時的痛苦，卻忘記了不放下所可能帶來的更大的痛。電影《臥虎藏龍》裏有這樣一句很經典的話：「當你緊握雙手，裏面什麼也沒有；當你打開雙手，世界就在你手中。」只有懂得放棄，才能在有限的生命裏活得充實、飽滿。

有一位名叫邁克．萊恩的英國人，他十分熱衷於探險。一九七六年，他隨英國探險隊成功登上了珠穆朗瑪峰，在下山的路上，一行人遭遇了暴風雪。在惡劣天氣的影響下，他們每向前一步都極其艱難。而最令人擔憂的是，暴風雪根本就沒有停下的跡象。更可怕的是，他們的食品已所剩不多，如果停下來紮營休息，他們很可能會在沒有下山之前就被餓死；如果繼續前行，大部分路標早已被大雪覆蓋，極有可能迷路。而且，每個隊員身上所帶的增氧設備及行李已經壓得他們喘不過氣來，這樣下去，步履會更加緩慢，登山隊員即使不被餓死，也會因疲勞而倒下。

在整個探險隊陷入迷茫的時候，邁克．萊恩建議大家丟棄所有的隨身裝備，只帶一些食物輕裝前行。他的這一建議幾乎遭到了所有隊員的反對。他們認為，現在離下山最快也要十天時間，這意味著這十天裏不僅不能紮營休息，還可能因缺氧而使體溫下降，以致凍壞身體，這將使他們的生命陷入極其危險的境地。

面對隊友的顧忌，邁克．萊恩很堅定地告訴他們：「我們只能這樣做，這場暴風雪極有可能持續很長一段時間，如果再拖延下去，路標會被全部掩埋。丟掉重物，我們就不會再有任何幻想和雜念。只要我們堅定信心，徒手而行，就可以提高行走速度，這樣我們還有生的希望！」最終，隊員們採納了邁克．萊恩的意見。一路上，大家相互鼓勵，忍受疲勞和寒冷，不分晝夜地前行，結果只用了八天時間就到達了安全地帶。

直到他們下山，暴風雪依舊沒有停止。這時，隊員們都暗自慶幸自己當初的決定。

多年後，英國國家軍事博物館的工作人員找到邁克．萊恩，請求他贈送一件與英國探險隊當年登上珠穆朗瑪峰有關的物品，收到的卻是萊恩因凍壞而被截下的十個腳趾和五個右手指尖。

因為當年邁克．萊恩的決定，他們的登山裝備無一保存下來，留下來的只有那些凍壞的指尖和腳趾。這是博物館收到的最奇特也是最珍貴的贈品。

「放下」，不是說什麼都不要，而是說你要清楚自己究竟要什麼，要多少。

利奧．羅斯頓是美國好萊塢最胖的電影明星，他的腰圍有六點二英尺，體重三百八十五磅，走幾步路就會氣喘吁吁。醫生曾多次建議他注意節食，減少演出，如果再為金錢所累，將會危及生命。但羅斯頓卻不以為然地說：「人到世界只有短暫的幾十年，我雖然有很多錢，但我還是要拚命地繼續掙下去，因為我太喜歡錢了。」

羅斯頓不但沒停下掙錢的腳步，還更瘋狂地到世界各地演出掙錢。一九三六年，羅斯頓在英國倫敦演出時，突然暈倒在舞臺上，人們手忙腳亂地把他送到倫敦最著名的湯普森急救中心，經診斷，他是因心力衰竭而導致發病。緊急搶救後，他雖勉強睜開了眼睛，但生命依然危在旦夕。儘管醫院用了當時最先進的藥物和醫療器械，最終還是沒能挽留住他的生命。彌留之際，羅斯頓斷斷續續說出了一句話：「你的身軀很龐大，但你的生命需要的僅僅是一顆心！」

湯普森急救中心院長、世界著名胸外科專家哈登眼睜睜地看著羅斯頓閉上雙眼而自己卻無能為力，不由得黯然垂淚，十分惋惜地說：「羅斯頓醒悟得太遲了。」

為警示後人，哈登院長決定把羅斯頓的臨終遺言鐫刻在院中心接待大廳的醒目處。從此，凡來這裏就診的病人，第一眼就可看到那條醒目的警示語。很長一段時間，警示語確實起到了警示作用。

轉眼四十七年過去了，那條警示語雖然還醒目地保留在湯普森急救中心大廳的牆上，但羅斯頓卻已漸漸淡出了人們的記憶，心臟病患者也有增無減，而且已成為威脅人類生命的頭號殺手。

時間到了一九八三年夏天，湯普森急救中心接收了一名危重病人，他是美國石油大亨默爾。幾天前，他來英國談一筆很重要的生意，忽然暈倒在談判桌前，隨行人員緊急把他送到這家醫院救治，診斷結果也是心肌衰竭。但重病中的默爾並沒忘記自己的生意，不但包下了急救中心的一層樓，還安裝了聯絡總部和分部的電話及傳真機，以便一邊接受治療，一邊忙碌地向各地發出道道指令。主治醫生多次勸他，讓他一定要靜心休養，千萬不能勞累，否則隨時都會發生致命的後果。但默爾依然我行我素，醫生也無可奈何。

那天，默爾散步來到院中心的接待大廳，發現了牆上那條警示語，情不自禁停住了腳步，聚精會神地默念了起來，然後讓隨行請來主治醫生，詢問這條警示語的來由。醫生原原本本給他講了事情的來龍去脈。默爾聽完後，頓時陷入了沉思，又在那條警示語前駐留了一個多小時，才神情凝重地緩緩離開。

回到病房，他首先命令隨從撤掉了所有電話和傳真機，接著又指示公司財務部，讓他們迅速核查帳目，說他出院後有大事要辦。

一個月後，默爾痊癒出院。他回到公司做的第一件事，竟是賣掉苦心經營資產已達數千萬美元的公司，之後便帶上家人，去了蘇格蘭鄉下的一棟別墅，過起了逍遙自在的世外桃源生活。

默爾的特殊舉動，頓時引起了外界的種種猜測，媒體更是對此興趣十足，紛

紛提出採訪他的要求，期盼解開這個謎底，但都被默爾斷然拒絕了。

後來，人們還是在默爾的自傳中得到了答案。在自傳的結尾有這樣一段話：「這個世界上，不知有多少人日夜在為金錢財富拚命，掙到了百萬還想掙到千萬，達到了千萬又想掙到億萬，一門心思聚斂錢財。到頭來，自己究竟得到了什麼呢？我之所以要這樣做，只不過是汲取羅斯頓的教訓罷了，他的臨終遺言『你的身軀很龐大，但你的生命需要的僅僅是一顆心』，讓我大徹大悟。但我還要加上自己的感悟：富裕和肥胖沒什麼兩樣，不過是獲得超過自己需要的東西罷了。多餘的脂肪會壓迫人的心臟，多餘的金錢會拖累人的心靈，多餘的追逐會增加生命的負擔。要想活得健康和自在一點，就必須尊重自己的生命，捨棄那些『多餘』的財富。」

如果你發現自己也被某些「東西」壓得喘不過氣，你有一個再清楚不過的選擇：放下一些。不是爲了失去，而是爲了更好地擁有另一些。

第一，放下光環，是爲了追求更好的未來。

喬丹，籃球界的一個奇蹟，他是全世界人們最為耳熟能詳的籃球運動員，曾經獲得過無數輝煌的成績。那麼，他是如何從一個名不見經傳的普通球員成長為國際球星的呢？

在喬丹還是個不太知名的普通球員時，有一次，他所在的球隊取得了一場比賽的勝利。和同伴們一樣，喬丹也沾沾自喜地暢說著自己內心的喜悅，而一旁的教練卻顯得相當冷靜。他把喬丹叫到一旁，用十分嚴肅的口氣對他說：「你是一個優秀的隊員，可是在今天的比賽場上，我不得不說，你發揮得極差，完全沒有突破自己，你離我想像中的喬丹還差很遠。你要想在美國籃球隊一鳴驚人，就必須時刻記住——要學會自我淘汰，淘汰掉昨天的你，淘汰自我滿足的你，否則，你無法尋求到完善的心……」

聽了教練的話，喬丹慚愧極了，他將這些話銘記於心，時刻激勵著自己。在不懈的努力下，喬丹的球技得到了迅速提升，他也得以加入芝加哥公牛隊。後來，他又成為了全美國乃至全世界家喻戶曉的「飛人」。日後，喬丹曾多次表示過，自己取得的成績離不開教練當初的那一席話，是教練讓他明白必須忘記過去的輝煌，才能更加集中精力應對眼前的事情。即便在他已經成為籃球巨星的時候，他依然不忘用當初的那些話來提醒自己。

失敗不是成功的最大敵人，自滿才是。自滿之人的路很短，因爲當別人還在繼續向前跑的時候，他卻以爲自己已經到達了終點，完全不知道自己被遠遠地拋在了後面。所以，我們

要做的，也是最不容易做到的，那就是把自滿淘汰，把沉浸在昔日輝煌成就中的心淘汰，不斷爲自己充電，使自己能夠有足夠的資本再造輝煌。

第二，放下輝煌，是爲了創造更多的奇蹟。

袁隆平，「雜交水稻之父」，曾獲國家科技進步一等獎。科學家做到袁老這樣已是相當成功了，就此退休享福也無可厚非。但袁老卻踏上了新的征程，繼續研究雜交作物。一生有一個奇蹟，夠嗎？袁老的努力告訴我們：遠遠不夠。科學的探索永無止境，人生的奇蹟無窮無盡。只是大多數人容易自我滿足，認爲已經成功便不需再努力，才使得「奇蹟」成爲奇蹟。

班超有很高的文學天賦，卻毅然投筆從戎；孫文曾是一名成功的醫生，卻轉而建立中國同盟會；魯迅曾想以一己之力治療病患，卻意識到拯救人心乃當務之急……他們曾經經歷成功，本來也可以就那樣平穩度過餘生，但他們放棄了那些光環，勇敢地追尋人生的真正意義。

6／永遠不要為曾經放下而後悔

一個少年挑著一擔砂鍋匆匆趕往集市。路過一條狹窄的山路時，幾個砂鍋掉在地上摔碎了，可少年卻頭也不回地繼續前行。路人喊住少年：「你的砂鍋摔碎了。」少年回答：「我知道。」路人又問：「那為什麼不回頭看看？」少年說：「已經碎了，回頭何益？」說罷繼續趕路。

正如我們的人生，走過的那一段已經無法重新開始，不管你再怎麼惋惜、悔恨，也無法改變既定的事實。與其在痛苦中掙扎，不如重新找一個目標，再一次奮發努力。不要爲過去的失敗而做無謂的自責和歎息，學會放棄才是一種真正的超越，一種真正的戰勝自我的強者姿態。

一位有著多年臨床經驗的心理醫生撰寫了一本醫治心理疾病的專著。有一

次，他受邀到一所大學講學。課堂上，他拿出了厚厚的著作，說：「這本書有一千多頁，裏面有三千多種治療方法、十萬多種藥物，但所有的內容其實只有四個字。」

說完，他在黑板上寫下了「如果，下次」。

醫生接著說：「很多時候，造成人們精神消耗和折磨的就是『如果』這兩個字。『如果我考進了大學』，『如果我當年不放棄他』，『如果我當年換了其他的工作』……這些是我這麼多年來聽到最多的話語。治療心理疾病的方法有很多，但最終的辦法只有一個，就是把『如果』改成『下次』——『下次我有機會再去進修』，『下次我不會放棄所愛的人』……只有這樣，人們才能真正地從痛苦中走出來。」

很多時候，影響一個人幸福的，並不是物質的貧乏或豐裕，而是一個人的心境。如果把自己的心浸泡在對舊事的後悔和遺憾中，痛苦必然會佔據整個心靈。

卡內基先生有一次造訪希西監獄，對獄中的囚犯看起來竟然和世人一樣快樂感到很是驚訝。典獄長羅茲告訴卡內基：「犯人剛入獄時都甘願服刑，並盡可能快樂地生活。」這時，卡內基看到有一位花匠囚犯在監獄裏一邊種著蔬菜、花草，一邊輕哼著歌。他哼唱的歌詞是：「事實已經註定，事實已沿著一定的路線前進，痛苦、悲傷並不能改變既定的形勢，也不能刪減其中任何一段情節。當然，眼淚也於事無補，它無法使你創造奇蹟。那麼，讓我們停止流無用的眼淚吧！既然誰也無力使時光倒轉，不如抬頭往前看……」

卡內基聽完，終於明白了這些人快樂的原因。

令人後悔的事在生活中經常出現：許多事做了後悔，不做也後悔；許多人遇到後悔，錯過了更後悔；許多話說了後悔，不說也後悔……人生沒有回頭路，也沒有後悔藥。過去的已過去，再也無法重新設計。後悔，只會消弭未來的美好，給未來的生活增添陰影。

只要你心無掛礙，什麼都看得開、放得下，何愁沒有快樂的春鶯在啼鳴？何愁沒有快樂的泉溪在歌唱？何愁沒有快樂的白雲在飄盪？何愁沒有快樂的鮮花在綻放？所以，放下就是快樂，不被過去糾纏，人生才能幸福。

「聖雄」甘地在行駛的火車上，不小心把剛買的新鞋弄掉了一隻，周圍的人都為他惋惜。不料，甘地竟立即把另一隻鞋也從窗口扔了出去，這讓人驚訝不已。甘地解釋道：「這一隻鞋無論多麼昂貴，對我來說都已經沒有用了。如果有誰撿到一雙鞋，說不定還能穿呢！」

很多人都有過某種重要的物品丟失的經歷，但很少有人能像甘地這樣豁達，究其原因，就在於沒有調整好心態去面對失去，沒有從心理上承認失去，總是沉湎於已經不存在的東西。事情既然已經過去，不論你捶胸頓足或者痛哭流涕，都不會對既定的事情產生影響。既然如此，那就應該向前看，因爲明天、未來才是你最需要考慮的。

有一位哲人說過：「世界上沒有跨越不了的事，只有無法逾越的心。」這個心一旦被自己封閉起來，就會變成「心域」，它不但會限制我們的潛質，更會影響我們對幸福的體悟。對每個人來說，生活的航船一直在繼續向前行駛，一直在演繹著痛苦、歡樂、奮鬥的人生歷程。我們不能總活在過去，前面還有很多事情等著我們去完成。

1.找出那些消極的思想，不要讓這些思想總是盤旋在你的腦海中。最好能把它一次排除，或者寫在紙上，以後再去解決。

2.客觀地看待事實。分析自己每一個消極思想的謬誤，換一種角度或者換一種身分來分析整個事件，或許你會發現自己真的好傻。

3.大事化小。要善於把大事情變成小事，而不是把小事放大成大事。把複雜的情節簡單化，事情解決起來就會輕鬆許多。

4.以合理的思想代替自暴自棄的思想。這是一種非常有效的方法，有利於人們建立起自信心，並把所有的憂鬱一掃而光。

7／學會豁達，解脫得失之心的困擾

如果是主動捨棄，或許人們的煩惱不會有那麼多，偏偏生活中有很多東西是被迫捨棄的。於是，很多人常常會因爲失去一些曾經擁有的東西而無比心痛，或者因過去的某個過錯而一直耿耿於懷，不肯輕易原諒自己。

但一味地追悔過去，只會令自己困在一個死胡同裏，進而讓事情變得更糟糕，讓自己的內心永遠得不到安寧。正如莎士比亞所說：「一直悔恨已經逝去的不幸，只會招致更多的不幸。」

想不爲過去的種種而煩惱，唯一的方法就是學會豁達。

豁達的人在遇到困境時，除了會本能地承認事實，擺脫自我糾纏之外，他還有一種趨樂避害的思維習慣。這種趨樂避害，不是爲了功利，而是爲了保持情緒與心境的明亮與穩定。這也恰似哲人所言：「所謂幸福的人，是只記得自己一生中滿足之處的人；而所謂不幸的人，是只記得與此相反的內容的人。」

每個人的滿足與不滿足，並沒有太多的區別差異；幸福與不幸福相差的程度，卻會相當巨大。

仔細觀察分析一個心胸豁達的人，你往往會發現，他的思維習慣中有一種自嘲的傾向。這種傾向，有時會顯於外表，表現爲以幽默的自嘲方式來擺脫困境。

自嘲是一種重要的思維方式。每個人都有許多無法避免的缺陷，這是一種必然。而不夠豁達的人卻總是拒絕承認這種必然。爲了滿足這種心理，他們總是緊張地抵禦著任何會使這些缺陷暴露出來的外來衝擊。久之，心理便變得十分脆弱。一個擁有自嘲能力的人卻可以免於此患，因爲他能主動察覺自己的弱點，並覺得沒有必要去盡力掩飾。

從根本上來說，一個尷尬的局面之所以形成，只是因爲它使你感到尷尬。要擺脫尷尬，走出困境，正面的迴避需要極大的努力，但自嘲卻爲豁達者提供了一條逃遁出去的輕而易舉的途徑——那些包圍我的，本來就不是我的敵人。於是，尷尬或困境就在概念上被取消了。

豁達也有程度的區別，有些人對容忍範圍之內的事會很豁達，但一旦超出某種極限，他就會突然改變，表現出完全相異的兩種反應方式；最豁達的人，則具有一種遊戲精神，能不斷將容忍限度擴大。

一個身經百戰、出生入死、從未有畏懼之心的老將軍解甲歸田後，以收藏古董為樂。一天，他在把玩最心愛的一件古瓶時，不小心差點脫手，嚇出了一身冷汗。他突然感到疑惑：「當年我出生入死，從無畏懼，現在怎麼會嚇出一身冷汗？」片刻後，他悟通了：「因為我迷戀它，才會有憂患得失之心，破了這種迷戀，就沒有東西能傷害我了。」遂將古瓶擲碎於地。

豁達者的遊戲精神，即是如此。既然他把一切視爲一種遊戲，儘管他同樣會滿懷熱情，盡心盡力地去投入，但他真正欣賞的，只是做這件事的過程，而不是目的，如此，他也就解脫了得失之心的困擾。

有一個人，他的性情並不是很開朗奔放，但他對待事情時幾乎從不見有焦躁緊張的情緒出現。細細觀察體會，原來他有一些與眾不同的反應方式。比如，當他發現錢包被小偷偷走時，只會歎息一聲，繼而問起丟失的相關證件的補辦手續。一次，他去參加電視臺的知識大賽，闖過預賽、初賽，進入了複賽。正洋洋得意時，他卻收到了複賽被淘汰的通知書。為此，他只是發了幾句牢騷，幾個小時後就興致勃勃地拜師學起了橋牌。

事實一旦來臨，不管它多麼有悖於心願，都是事實。大部分人的心理會在此時產生波動抗拒，但豁達者的興奮點會迅速地繞過這種無益的心理衝突區域，馬上轉到「下面該做什

麼」的思路上去。

這堪稱是一種最大的心理力量。生活中我們常常爲自己失去的東西難過，甚至明知已不可挽回，也不肯讓自己去積極地排解。其實，在許多豁達者的眼中，任何一種失去都會誕生一種選擇，任何一種選擇都將有新的機會。失去了一些以爲可以長久依靠的東西，自然會難過，但其中卻隱藏著無限的祝福和機會。失去的時候，向前看，永遠向前看——過了黑夜就是黎明。

如何做個豁達的人呢?你要記住三個要點，並不斷提醒自己。

上一刻歸咎於回不來的過去

時間是一件神奇的東西，它雕刻生命的年輪，推移事態的變遷，是最有效的療傷良藥，也是最無情的過客。世界上沒有誰能夠左右時間，過去的一切都會隨時光定格在過去的某一時間刻度，無法超前，更無法錯後。上一刻的悲傷或是快樂，對你來說，都只是生命中一個個小小的符號，無法更改它們。所以，與其回望過去，不如專注於現在。

把過去的痛苦和光輝放進歷史

過去的痛苦曾經讓我們身心疲憊，甚至令我們深感屈辱。但是我們應該懂得，過去的已經過去，未來的影像是由我們現在的思想所決定的，更是由現在的行動所創造的。將過去的痛苦鎖進生命的歷史，踏上新的征程，打造未來，才能獲得成功，感受快樂。走出曾經的光環，就算它再奪目，那也是屬於過去的。專心於你的現在和未來，你的人生之路會更加絢麗。

並非人人都是愛我的

我們沒有必要去喜歡自己認識的每一個人，因此，也沒有權利要求所有人都喜歡自己。別太在意別人的眼光，走自己的路，讓別人說去吧！人要有一顆豁達之心，即便得不到別人的認可，也照樣可以活出自己的風采，對自己的每一天負責，相信自己能夠做得很好。

第六章

做內心強大的自己

1／「修剪」欲望，讓生活變簡單

壓力太大，會將我們壓垮；欲望太多，也會將我們壓垮。

欲望出自於人的本能，太過於壓制並不是什麼好事。但如果欲望擾亂了我們的心神，讓我們不得安寧，就應該「修剪」一下它。

太多的欲望會成爲心靈的負累，使人失去心靈上的自由，如果再任由它如野草般瘋長，必定會把原本清淨與安寧的空間全部擠佔，讓自己變成欲望的奴隸，陷入越來越多的煩惱與不安之中。

禁欲是極端，縱欲也是極端。剪去狂躁，才能冷靜處事；剪去虛浮，才能腳踏實地；剪去過多的貪欲，才能保持清醒……剪去這些雜亂的枝幹，才能擁有一顆寧靜的心、一顆奮鬥的心和一顆愉悅的心。

一天傍晚，兩個非常要好的朋友在林中散步。這時，有位僧人從林中驚慌失措地跑了出來，兩人見狀，便拉住那個僧人問道：「你為什麼如此驚慌，到底發生了什麼事情？」

僧人忐忑不安地說：「我正在移植一棵小樹，忽然發現了一罈子黃金。」兩個人感到好笑：「這僧人真蠢，挖出了黃金還被嚇得魂不附體，真是太好笑了。」然後，他們問道：「你是在哪裏發現的，告訴我們吧，我們不害怕。」

僧人說：「還是不要去了，這東西會吃人的。」

兩個人異口同聲地說：「我們不怕，你就告訴我們黃金在哪裏吧。」

僧人告訴了他們埋藏黃金的地點。兩個人跑進樹林，果然在那個地方找到了黃金。

其中一個人說：「我們要是現在把黃金運回去，不太安全，還是等天黑再往回運吧。這樣吧，我留在這裏看著，你先回去拿點飯菜來，我們在這裏吃完飯，等半夜時再把黃金運回去。」

於是，另一個人就取飯菜去了。

留下的這個人心想：「要是這些黃金都歸我，那該多好呀！等他回來，我就一棒子把他打死，這樣，這些黃金不就都歸我了？」

回去的那個人也在想：「我回去先吃飯，然後在他的飯裏下些毒藥。他一死，黃金不就都歸我了嗎？」

回去的人提著飯菜剛到樹林裏，就被另一個人從背後用木棒狠狠地打了一

下，當場斃命。然後，那個人拿起飯菜，狼吞虎嚥地吃了起來。沒過多久，他的肚子裏就像火燒一樣疼，他這才明白自己中了毒。

臨死前，他心裏暗想：僧人的話真的應驗了，我當初怎麼就不明白呢？

欲望就像是一條鎖鏈，一個牽著一個，永遠不能滿足。貪欲會把人帶向罪惡的深淵，讓人失去理智。貪字頭上一把刀，人的內心一旦被貪欲吞噬，那他必將被其毒害。

人生如同一條河流，有其源頭，有其流程，當然也有其終點。不管流程有多長，終究都會到達終點，流入海洋。那麼，在我們活著的時候，有什麼欲望是一定非要滿足不可的呢？爲什麼要讓欲望恣意滋生呢？

欲望是人痛苦的根源，因爲欲望永遠不能被滿足。我們要做的是儘量將自己的生活簡單化，減少對物質的過多依賴，簡簡單單的生活會讓人覺得神清氣爽。當然，我們不能要求每個人都做到清心寡欲，但至少我們可以在簡化自己生活的過程中，減少自己的欲望。

當生活越簡單時，生命反而會越豐富。少了欲望的羈絆，人們越是能夠從世俗名利的深淵中脫身，感受到自己內心深處的寬廣和明淨。因此，每一個人都應懂得修剪自己的欲望。

2／名利像玩具，千萬別拿它當真

世人正是因爲對名利的貪愛才不忍捨己救人，也因此而產生了無盡的煩惱，一個不熱衷名利的人甚至會被當成異類。殊不知，唯有不被名利束縛的人才能窺見名利背後的生活。

名利像玩具，千萬別拿它當真。

很久以前，有一個年輕的劍客，他喜歡到處向成名的劍客挑戰。因為他的劍術高超，所以順利地擊敗了所有的對手。

年輕的劍客聽說在某地住著一位有名的劍客，傳說他是一位傳奇人物，劍術絕妙，無人能敵。

於是，好勝的年輕劍客決定去向這位名劍客挑戰。歷經千辛萬苦，他終於在一個山村裏見到了這位名劍客。

年輕劍客原本以為自己見到的會是一位相貌堂堂、氣質出眾的大人物，誰知對方竟是一個不修邊幅、長相普通的老人，而且又瘦又小，一點也沒有劍客的威風。更出乎他意料的是，老人的劍已經鏽得無法再從劍鞘中拔出來了。

面對年輕劍客的挑戰，老人毫不理睬，只管低頭吃飯。當時正是盛夏，屋子裏有好多蒼蠅在嗡嗡亂飛，老人連眼皮都沒有抬起，伸手便用筷子從空中夾住了四隻蒼蠅，一字排開放在桌上，然後繼續吃飯。

年輕劍客看得目瞪口呆，他的驕傲瞬間消失得無影無蹤，他意識到自己的劍術根本不可能勝過這位老人。後來，他拜老人為師，潛心修煉，幾年之後，他的劍也同樣鏽在了鞘裏。

劍是鏽了，可是心境卻更澄明了。

真正的爭鬥不是去打敗別人，而是戰勝自己。只會用身外物和別人一較高低的人，其實並不明白真正有價值的是什麼。

瑪麗．居禮出生在波蘭華沙，一八九一年進入巴黎大學學習，一八九三年和一八九四年分別取得了物理學碩士和數學碩士學位。一八九五年，瑪麗．居禮與皮埃爾．居禮結婚，開始了對放射性元素的研究。一八九八年七月，他們發現了一種新元素，命名為釙。同年十二月二十六日，他們又發現了一種比鈾的放射性要強百萬倍的新元素鐳。但是當時還沒有實物來證明鐳的存在，科學界對他們的發現表示懷疑，沒有機構願意提供實驗室給他們做研究，居禮夫婦只好在一個簡陋的大棚子裏做實驗。

歷經四年的艱辛提煉後，他們終於從八噸瀝青鈾礦渣中提取出零點一克純鐳，價值超過一億法郎。這不僅贏得了科學界人士的普遍認可，也使居禮夫婦成為了核子物理學的奠基人，並因此共同獲得了一九〇三年諾貝爾物理學獎。

一九〇七年，居里夫人提煉出了氯化鐳。一九一〇年，她測出了氯化鐳的各種特性，並以《論放射性》一書成為放射化學的奠基人。「由於對科學的執著與貢獻」，居里夫人於一九一一年獲得諾貝爾化學獎。

正是這樣一個在科學領域上享有盛名的居里夫人，生活卻極為簡樸。曾有一位記者要採訪她，當來到一所簡陋的房子前，記者看到一個衣著簡樸的婦人正赤腳坐在臺階上洗衣服，他過去詢問居里夫人的住處，當那婦人抬起頭時，記者大吃一驚，原來她就是居里夫人。

當初發現了鐳之後，居禮夫婦討論如何處理那些請求他們告訴提煉鐳的方法的信件，整場交談在五分鐘之內就結束了。居禮先生說：「我們必須在兩個途徑中選擇一個，一是無償公開鐳的提煉方法……」居里夫人說：「這樣很好，我贊同。」居禮先生說：「二是將提煉方法申請專利，以後任何人想提煉鐳都要經

過我們的同意，並且我們的孩子可以繼承這一專利。」居里夫人不假思索地說：「這違背了科學精神，我們還是選第一個辦法吧。」就這樣，他們向世人公開了鐳的提煉方法和其他相關資料。

有一位女性朋友去居里夫人家裏拜訪她，發現她的小女兒正拿著英國皇家科學院頒給居里夫人的金質獎章在玩，朋友大吃一驚，問道：「你怎麼能把這麼寶貴的東西給孩子玩呢？」居里夫人回答：「我想讓孩子從小就懂得，榮譽就像玩具，只能玩玩而已，絕不能永遠守著它，否則就將一事無成。」

居里夫人以高尚的情操和獻身科學的精神教育孩子，她的女兒瑞娜後來也成為了一名科學家，並像母親那樣獲得了諾貝爾獎。

「一個人不應該與被財富毀了的人結交來往。」這是居里夫人的名言，而她也正是這樣做的，不讓自己被名譽和財富毀掉。當初那價值超過一億法郎的零點一克純鐳，對於生活極其樸素的居里夫人並沒有造成任何影響，她坦然地將這零點一克鐳無償贈給了實驗室，這份視名利如浮雲的豁達實在令人讚歎。

正是因爲居里夫人懂得名利就像玩具，偶爾拿來玩玩可以調劑生活，但若是抱住不撒手，生活反而會被它給毀了，所以她才能頭腦清楚地將名利放在一邊，在科學研究中享受莫大的人生樂趣。

謝先生在一家工藝品店看到了一副對聯，青花瓷字，鑲在兩片大板上，顯得很突出，字體屬草書，約是清朝中葉燒製的。問價錢，不便宜，他心想以後再說吧。過了半年，又路過那家工藝品店，青花瓷字對聯還在，謝先生又問了一次價錢，比原來要便宜一些，但他還是覺得有點貴，摸摸看看，許久才下決心離開。

又過了幾個月，謝先生整理傢俱時想到了那副對聯，於是，他又來到了工藝品店。

謝先生一進店就看見對聯還放在那裏，他又一次問價，老闆微笑著說了一個價格，謝先生實在訝異，順口又問：「怎麼比第一次開的價錢少一半？」

因為實在是喜歡這副對聯，價格又合適，謝先生這次毫不猶豫地就買下了。他將對聯帶回家，掛在客廳裏，中間是達摩祖師的畫像，右聯「有忍乃有濟」，左聯「無愛即無憂」，遠看近看都莊重，謝先生十分喜歡。

謝先生從此與老闆熟悉了起來。有一次，謝先生說：「古董業有行無市，胡亂開價，不大好吧？」

老闆說：「沒錯，物件買賣總是如此，有人愛就有人抬。告訴你，那一副對聯原價比賣給你的多一倍，知道為什麼嗎？」

謝先生搖搖頭，老闆說：「有的商人看準了顧客的心理，這個時期，愛情都買得到，何況是物件？所以啊，愛而不忍，只得花錢當冤大頭。你說的有行無

市，正是這樣造成的。」

「對不起，」謝先生插話，「我想知道，你為什麼願意將對聯便宜賣給我？我並不特別，只是很平凡的一個人。」

老闆哈一聲：「就是了，我也是平凡人。問題是，現在有太多自以為了不起的人，平凡人反而少見呢。」

謝先生一時無語。老闆去換茶葉，茶壺空著，謝先生順手拿來看，吃了一驚，茶壺是清朝的古董。老闆將一捧茶葉放進茶壺，漫不經心地說道：「看出來啦？別玩茶壺，假貨多，真貨貴，讓那些有錢人去玩吧，過幾天也許就賣出去了，你不妨多看幾眼，但不必問價錢。」

老闆倒水入壺：「我說呢，你做個參考吧，玩古董跟做人一樣。記得，無忍則無濟，有愛即有憂，這是倒過來思考，不是大哲理，卻是很多人做不到的。」

幾個月之後，謝先生再去那家店，發現店已關閉了，鄰居說老闆已經去世了。一個三十歲左右的婦人說：「他啊，怪人啦！連錢都不愛，樂天樂天的，生前賣掉了所有的古董，然後不久就去了。不太瞭解他，奇怪，問他做什麼？」

看看世間，有多少人正把玩具當成自己真正的人生死守不放呢？

3／心裏、眼裏都無財富的掛礙

能安於貧賤的人是有福之人，因爲他們心裏無財富的掛念，所以活得瀟灑；而能在富貴中保持清心寡欲的更是有福之人，因爲他們心裏、眼裏都無財富的掛礙，所以活得幸福。人們總是很容易被金錢迷惑雙眼，在歡樂的日子裏想不到痛苦的一面，唯有超卓的人才不至於墮落。

一位老居士的家中生了一個男孩，長得英俊端莊，父母非常疼愛。這孩子從小就聰明異常，和一般的小孩子完全不同。他在無憂無慮中快樂地度過了黃金般的童年。

居士家中的這個孩子，有著高人一等的智慧。雖然他生長於安逸的環境中，但仍能瞭解人生的痛苦和罪惡。因此，他在成年以後，就辭親出家成了比丘。

有一次，比丘教化回來途經森林，遇到了一隊商人，他們到外鄉經商路過此

地。當時已是傍晚，夕陽西下，商人們準備紮營住宿。比丘看到這些商人以及大小的車輛載著大量貨物，並不關心，只管在離商隊營帳不遠的地方徘徊踱步。

這時從森林的另一端來了很多山賊，他們打聽到有商隊經過，就想乘夜幕降臨以後劫掠財物。但當他們靠近商營的時候，卻發現有人在營外漫步。山賊怕商隊有備，所以想等所有人都睡熟之後再動手。然而，營外巡邏的那個人卻通宵不入營休息。天已漸亮了，山賊因無機可乘，只得氣憤地大罵而走。

正在睡覺的商人們被外面的吵鬧聲吵醒，便跑出來看，只見一大隊的山賊手執鐵錘木棍往山上跑去，營外有一位出家人站在那兒。商人驚恐地走向前去問道：「大師！您見到山賊了嗎？」

「是的，我早就看到了，他們昨晚就來了。」比丘回答說。

「大師！」商人又向前問道，「那麼多的山賊，您怎麼不怕？獨自一個人，怎能敵得過他們呢？」

比丘心平氣和地說道：「見山賊而害怕的是有錢人，我是一個出家人，身無分文，我怕什麼？賊所要的是錢財寶貝，我既然沒有一樣值錢的東西，無論住在深山或茂林裏，都不會起恐懼之心。」

比丘的話使眾商人頓時醒悟過來，他們認識到了自己的凡俗。對不實在的金錢，大家肯捨命去取得，而對真實的自由自在的平安生活，反而視若無睹。於是，他們決心跟著這位比丘出家修行。從此，他們體會到了這個世間苦空的意義，把無常的錢財帶在身邊，實際是一種拖累。

中國有句古話：「人生有三寶，妻醜、薄地、破棉襖。」因爲貧窮，人才無恐懼心；因爲貧窮，人才有上進心。艱難困苦是人生的一筆財富，它可以化無形爲有形，並告誡你時刻保持冷靜、清醒，正確對待有形的財富。

無財是一種福氣，能很好利用財富的人同樣享有這種福氣。佛陀所說的斷掉各種貪欲，並非是說讓人變得無情無欲，而是說要消除人的不合理的、過分的、有礙身心健康的欲望，從而完善人生，使人生更加幸福。

4／寵亦泰然，辱亦淡然

身居繁華都市的人，追求寂寞平靜的田園生活；而身在林深竹海的鄉人，卻很是嚮往燈紅酒綠的都市生活。

其實，平靜是福，真正生活在喧囂吵鬧、充滿謊言的都市中的男女，可能更懂得平靜的彌足珍貴。與平靜的生活相比，追逐名利的生活是那麼不値得一提。

心靈的平靜是美麗智慧的珍寶，它來自於長期、耐心的自我控制，心靈的安寧意味著一種成熟的經歷以及對於事物規律的不同尋常的瞭解。

人人都嚮往平靜，然而，生活的海洋裏卻因爲有名譽、金錢、房子等在興風作浪而難得寧靜。許多人整日被自己的欲望所驅使，好像胸中燃燒著熊熊烈火一樣，一旦受到挫折，一旦得不到滿足，便好似掉入寒冷的冰窯中一般。生命如此大喜大悲，哪裏有平靜可言？人們因爲毫無節制的狂熱而騷動不安，因爲不加控制欲望而浮沉波動。只有明智之人，才能夠控制和引導自己的思想與行爲，才能夠控制心靈所經歷的風風雨雨。

是的，環境影響心態，快節奏的生活、對環境無節制的污染和破壞，以及令人難以承受的雜訊等都讓人難以平靜，環境的攪拌機隨時都在把人們心中的平靜撕個粉碎，讓人遭受浮躁、煩惱之苦。然而，生命的本身是寧靜的，只有內心不爲外物所惑，不爲環境所擾，才能做到像陶淵明那樣身在鬧市而無車馬之喧，這就是所謂的「心遠地自偏」。

一個人如果能丟開雜念，就能在喧鬧的環境中體會到內心的平靜。

有一個小和尚，每次坐禪時都感覺有一隻大蜘蛛在他眼前織網，無論怎麼趕都不走，他只好求助於師父。師父就讓他坐禪時拿一支筆，等蜘蛛來了就在牠身上畫個記號，看牠來自何方。小和尚照師父交待的去做，當蜘蛛來時，他就在牠身上畫了個圓圈，蜘蛛走後，他便安然入定了。

當小和尚做完功一看，發現那個圓圈竟在自己的肚子上。原來，困擾小和尚的不是蜘蛛，而是他自己，蜘蛛就在他的心裏，因為他心不靜，所以才感到難以入定。正像佛家所說：「心地不空，不空所以不靈。」

平靜是一種心態，是生命盛開的鮮花，是靈魂成熟的果實。平靜在心，在於修身養性。只要有一顆平靜之心，平靜無處不在。追求平靜者，能心胸開闊，不爲誘惑，坦蕩自然。

如果你每天騎著單車上下班，回家到菜市場購物一番，之後做幾盤可口的家常菜，和家

人孩子一起享受天倫之樂，那你應該感到慶幸，因爲你平淡的生活充滿了幸福。

這個世界有太多的誘惑、太多的欲望。一個人若想以清醒的心智、從容的步履走過歲月，他的精神中必定不能缺少淡泊。雖然我們渴望成功，渴望生命能在有生之年劃過優美的軌跡，但我們需要的是一種平平淡淡的快樂生活，一份實實在在的成功。這種成功，不必努力苛求、轟轟烈烈，不一定要有那種「揭天地之奧秘，救萬民於水火」的豪情，只需一份平平淡淡的追求，足矣！

生活，並不是只有功和利。儘管我們必須去奔波賺錢才可以生存，儘管生活中有許多無奈和煩惱，然而，只要我們擁有一顆淡泊的心，量力而行，坦然自若地去追求屬於自己的真實。能做到寵亦泰然，辱亦淡然，有也自然，無也自在，如淡月清風一樣來去不覺。這樣的生活，不是要輕鬆得多嗎？

5／人生苦短，不要為小事煩惱

著名的心靈導師戴爾．卡內基認爲，許多人都有爲小事斤斤計較的毛病。人活在世上只有短短幾十年，卻浪費了很多時間，去愁一些一年內就會被忘掉的小事。

一九四五年三月，羅勒．摩爾和其他八十七位軍人在貝雅SS318號潛艇上。當時，他們的雷達發現了一支日本艦隊，於是，他們向其中一艘驅逐艦發射了三枚魚雷，但都沒有擊中，這艘驅逐艦也沒有發現他們。但當他們準備攻擊另一艘佈雷艦的時候，這艘佈雷艦突然掉頭向潛艇開來（是一架日本飛機看見了這艘位於六十英尺深的潛艇，用無線電告訴了這艘佈雷艦）。他們立刻潛到一百五十英尺深的地方，以免被日方探測到，同時也準備應付深水炸彈。他們在所有的船蓋上多加了幾層栓子，同時為了沉降保持安靜，他們關閉了所有的電扇、冷卻系統和發動機器。

三分鐘之後，突然天崩地裂，六枚深水炸彈在潛艇四周爆炸，把摩爾等人直往水底壓——深達二百七十六英尺的地方，他們都嚇壞了。按常識，如果深水炸彈在離潛艇十七英尺之內爆炸的話，潛艇中的人幾乎必死無疑。那艘佈雷艦不停地往下扔深水炸彈，攻擊了十五個小時，其中有十幾個炸彈就在離他們五十英尺左右的地方爆炸。潛艇中的軍人都躺在床上，試圖保持鎮定。但羅勒·摩爾卻嚇得不敢呼吸，他在想：「這回完蛋了。」電扇和空調系統被關閉之後，潛艇中的溫度升到了近四十度，但摩爾卻全身發冷，穿上毛衣和夾克衫之後依然發抖，牙齒打顫，身冒冷汗。

十五小時之後，攻擊停止了，顯然那艘佈雷艦在炸彈用光以後就離開了。這十五小時對摩爾來說，感覺上就像有一千五百年之久。期間，他過去的生活一一浮現在眼前，他想到了以前所幹的壞事，所有他曾擔心過的一些無稽的小事。

在他加入海軍之前，他是一個銀行的職員，曾經為工作時間長、薪水太少、沒有多少機會升遷而發愁；他也曾經為沒有辦法買自己的房子，沒有錢買部新車子，沒有錢給妻子買好衣服而憂慮；他非常討厭自己的老闆，因為這位老闆常給他製造麻煩；他還記得每晚回家的時候，自己總感到非常疲倦和難過，常常跟妻子為了一點兒芝麻小事吵架；他也為自己額頭上的一塊小傷疤發愁過。

多年以前，那些令人發愁的事看起來都是大事，可是在深水炸彈威脅著要把他送上西天的時候，這些事情看來又是這麼荒唐、渺小。就在那時候，摩爾向自己發誓，如果他還有機會見到明天的太陽，就永遠不會再憂慮。他認為在潛艇裏

那可怕的十五小時裏所學到的，比他在大學讀了四年書所學到的要多得多。

針對人們都有煩惱的習慣，卡內基給出了一些富有哲理的法則：

- 生命太短暫，不要再爲小事煩惱。
- 當我們害怕被閃電擊倒，怕所坐的火車翻車時，想一想發生的機率，會把我們笑死。

要懂得閒暇時抓緊，繁忙時偷閒。

- 對必然的事輕快地承受，就像楊柳承受風雨、水接受一切容器一樣。
- 如果我們以生活來支付煩惱的代價，支付得太多，我們就是傻瓜。
- 當你開始爲那些已經過去的事煩惱的時候，你應該想到這個諺語：不要爲打翻了的牛奶而哭泣。

的確，生命太短暫。尤其在步入三十歲之後，那種早晨剛睜開眼，轉瞬間已近黃昏的變化會讓人感到恐懼。世上有那麼多有待我們去欣賞和感受的美好，哪還有時間去爲那些明天註定要被遺忘的事情煩惱呢！

6／歡樂和痛苦從來就是一體

冰心說：「生命中不是永遠快樂，也不是永遠痛苦，快樂和痛苦是相生相成的。好比水道要經過不同的兩岸，樹木要經過常變的四季。在快樂中，我們要感謝生命；在痛苦中，我們也要感謝生命。快樂固然興奮，苦痛又何嘗不美麗？」要記住：不是每一道江流都能入海，不流動的便成了死湖；不是每一粒種子都能成樹，不生長的便成了空殼。

生活始終是一面鏡子，照到的是我們的影像，當我們哭泣時，生活在哭泣；當我們微笑時，生活也在微笑。

人應該學會享受，而不能總是操心勞作。享受生活有著兩種不同的方式，一種是享受快樂，一種是享受痛苦。也許有人會問痛苦怎麼享受呢？當一個人經歷太多痛苦後，驀然回首，這難道不是一份寶貴的財富嗎？而擁有這種財富不是一種享受嗎？品味痛苦，是品味那串串汗滴流下時的艱辛；享受快樂，是享受擦乾汗滴時的愜意。

享受生活，不是享受錢財、地位、權勢。生活的味道各種各樣，酸甜苦辣，五味雜陳，只有細細地品味才能學會享受。只有學會享受生活，你才能用平和的心情去面對，面對生活，面對朋友，面對社會，乃至面對世界。

當你快樂時，你要意識到快樂不是永恆的。猶如盛筵過後，客賓散盡，換下華服，生活依然要回歸簡單，回歸平淡。

當你痛苦時，你更要意識到，痛苦也不是永恆的。聰明的人會將痛苦轉化為奮鬥的動力，在未來無數的日子裏，努力拚搏直到達成所願。

是啊，這世上有哪個人的生活不是忙碌而又坎坷的呢？人生並非盡如人意，也許你和我一樣，常常感受到生活中有太多難以排解的無奈和缺憾。也許是夢想得不到實現，也許是得到的離你所期待的相去甚遠，但是我們總是能夠在這樣的無奈中堅持著。我們承認自己的平凡，卻不曾放棄追求哪怕只是瞬間的完美。因為，在這個世界上，無論是誰，都不能漠視自己所付出的真誠，而只要真誠地付出，就一定能有真誠的回報。

有人說，不問收穫，但問耕耘。其實，誰又能說耕耘本身不是一種收穫呢？樂在其中，樂此不疲，不也是人生的一種境界嗎？

現實生活相對內心的理想境界永遠是一種擠壓，在這種擠壓下，我們想要的生活離現實越來越遠，總感覺活著很累，越是長大，煩惱就越多。那些未解決的、將要解決的和想要解決的事堆積成山，壓得人喘不過氣來。但是作為一個生命的個體，我們必須堅強地生活，必須努力奮鬥，必須讓自己和家人幸福。

無論是開心的還是不開心的，在我們走過的時間，都是值得留住的回憶。不管是迷茫還是清醒，我們都要用心去面對。

歲月的流逝、生活的繁瑣、現實的諸多不易給人越來越多的壓力，於是，人們沒有了駐足品味的閒暇，更少了冥想沉思的情致。記住，只有心裏有陽光的人，才能感受到現實的陽光。快樂是一種生活態度，也是一種心緒，不要把自己禁錮在憂愁的厚繭裏。懂得美化生活、欣賞生活的人，處處可見亮麗的風景。

7／用感恩的心珍惜每一天的存在

人的一生總會經歷很多事情，這些事情有的讓你喜，有的讓你憂，有的讓你仰天大笑，有的則讓你垂頭歎息。其實，細細想來，這些都算得了什麼？在這生與死並存的世間，只要活著，我們就是幸福的。

一九九一年十一月七日，當時三十二歲的NBA名將「魔術師」詹森在湖人記者招待會上宣佈退役，因為他感染了愛滋病病毒。幾十年過去了，詹森依舊積極地生活著，也努力地與病魔抗爭著。

詹森一直接受著雞尾酒療法，將病情控制在穩定的範圍內。作為一名丈夫和三個孩子的父親，他在家人的陪伴與支援下全身心投入到工作中，管理著一個不小的商業王國，其資產比退役時增加了近二十億美元。二〇〇一年，他成立了魔術師詹森發展公司，拿下了洛杉磯城市裏一塊沒人要的地，建造了魔術師詹森劇

院。又說服了眾多大商家入駐，一個新的商業中心逐漸成形。二〇〇六年，他又大膽收購了一家著名的連鎖餐廳。現在，他的產業除了劇院和餐廳外，還包括一家製片公司以及湖人隊百分之五的股權。

除了經商外，他把所有的時間都投入到了籃球和公益活動當中。他曾擔當過一家電視臺的NBA嘉賓主持，經常參加以籃球為主題的公益活動，還曾與姚明一同出演了一部防治愛滋病的宣傳教育片……雖然詹森無法完全擺脫病魔，但是他說：「我從來沒有把自己當病人，我感覺好極了。我慶幸自己活著，每一天都活著，每一天對我來說都是節日。我活著，也是為了告訴那些患有愛滋病的人，要自強不息，要積極面對每一天。」

疾病和災難的發生是無法預料的，生命的流逝是無法挽留的，所以，我們應該懷著感恩的心珍惜每一天的生活。

如果你早上醒來發現自己還能自由呼吸，你就比在這個星期中離開人世的一百萬人更有福氣。

如果你從來沒有經歷過戰爭的危險、被囚禁的孤寂、受折磨的痛苦和忍饑挨餓的難受……你已經好過世界上五億人了。

如果你的冰箱裏有食物，身上有足夠的衣服，有屋棲身，你已經比世界上百分之七十的人更富足了。

二〇一〇年聯合國「世界糧食日」資料顯示：世界上每七個人中仍有一人在挨餓，全球有三十六個國家仍陷於糧食危機當中，有八億人處於饑餓狀態；在發展中國家，有兩成人無法獲得足夠的糧食；而在非洲大陸，有三分之一的兒童長期營養不良；全球每年有六百萬學齡前兒童因饑餓而夭折。

如果你的銀行帳戶有存款，錢包裏有現金，你已經身居世界上最富有的百分之八之列。

如果你的雙親仍然在世，並且沒有分居或離婚，你已屬於稀少的一群。

如果你能抬起頭，臉上帶著笑容，並且內心充滿感恩的心情，你是真的幸福了——因爲世界上大部分的人都可以這樣做，但是他們卻沒有。

如果你能讀到這段文字，那你就比二十億不能閱讀的人更幸福。

看到這裏，你是否發現，自己其實還是蠻幸運的人呢？

古人筆記小說中有一首《行路歌》：「別人騎馬我騎驢，仔細思量總不如，回頭再一看，還有挑腳夫。」語言雖淺，卻足以醒世。

記住，你的存在，本身就是一種幸福。

下篇

保持積極心態要成功，更要幸福感

無論是存在於意識還是潛意識中的念頭，都會讓我們產生某種「關聯感」，促使我們用行動去把這些念頭變成現實。例如，如果一個人的腦海中經常出現這樣的念頭：「我相信我自己，我很勇敢，我努力去做的事情必將取得成功。」那麼，他就能成為一個勇敢而自信的人。

第七章

良好的自我暗示可以激發潛能

1／潛能的神奇力量足以改變你的命運

「潛意識的神奇力量足以改變你的命運！」這是著名成功學大師拿破崙．希爾的名言。任何的限制，都是從自己的內心開始的。人們在緊急關頭打破了內心的限制，於是，潛意識的能量——潛能就如同沉睡的火山一樣爆發了出來。

很多心理學家和科學家通過大量事實論證了潛意識的偉大作用和給人帶來的巨大影響。

美國麻省安赫斯特學院的專家們曾經做過這樣一個實驗：他們用鐵圈將一個正在生長的小南瓜整體捆綁住，以此來觀察小南瓜的生長發育狀況以及它能夠承受的壓力。當時，這些專家們根據推算認為，這個小南瓜能夠承受的壓力大約是五百磅。

實驗開始後的第一個月，這個小南瓜承受了五百磅的壓力，人們認為這已經是南瓜的極限了。但是又過了一個月，這個小南瓜竟承受了接近一千五百磅的壓力。對此，人們感到非常驚訝，認為這簡直不可思議。後來，南瓜承受的壓力又超過了二千磅，這時候，專家們在驚訝的同時不得不對捆綁這個南瓜的鐵圈進行加固，以免被撐開。然而到實驗結束時，南瓜竟承受了五千磅的壓力。當專家們打開這個南瓜時，發現這個南瓜已經不能食用了，因為南瓜內部中心部位已經長出了堅固的纖維，這些堅固的層層纖維彷彿想要衝破這個鐵圈。此外，專家們還發現，為了能夠更多地吸收養分，南瓜所有的根都向不同的方向進行伸展，最後，它竟然掠取了整個花園土壤中的養分和資源。

通過這個實驗可以看出南瓜的潛能量是非常強大的，它的生命力遠遠超出了人們的想像。在如此堅固的束縛下依然能夠突破重圍奮力生長，足以說明南瓜擁有著人們不知道的隱藏潛能。

一個南瓜尚且能有如此大的潛力，更何況是毅力和韌性都優於南瓜的人呢？所以，只要我們激發出自己的潛能，就可能戰勝一切。

在泰國，流傳著這樣一個故事：泰國國王有一位美麗的女兒，到了該婚嫁的年齡時，國王想，一定要給女兒選擇一位膽識過人的勇士。於是，國王心生一計，對外張貼告示：某月某日，在某鱷魚池邊，國王將親自為公主擇婿，有

意者請前往參加競選。到了那天，鱷魚池邊人山人海，大家都擺出一副躍躍欲試的架勢。

國王宣佈：「現在，鱷魚池內正放有數條饑餓的鱷魚，誰有膽量跳入池中，再從這端游至對岸，本國王就將愛女許配於他。」言畢，來的人面面相覷，誰也沒勇氣跳入池中，因為一旦跳進去，無疑會成為鱷魚的腹中物，誰敢拿生命去冒這個險呢？但就在這時，只聽見「撲通」一聲，有人跳進了池中。圍觀的人緊張地注視著，只見幾條鱷魚張著大口從四面追過來，而池中人拚命地向對岸游去。就在人們驚魂未定之時，他已經快速地爬上了對岸。他贏了。國王興奮地過來握住那人的手說：「年輕人，你真勇猛，公主就交給你了！」

誰知那人不但不知感謝國王大恩，反而急急地搜尋了一圈，然後對著身旁的一個人氣急敗壞地斥責道：「你為什麼要把我推進鱷魚池裏？」

故事講完了，結尾出乎人們意料地幽了一默。或許聽故事的人笑了，但是笑過之後肯定會久久難忘。這雖是個故事，卻告訴我們一個道理：人的潛能是不可估量的，關鍵在於決定人體潛能被啓動程度的壓力——在那樣一個關乎生死的惡劣環境裏，求生的欲望是如此強烈，如果不全力以赴，你就會失去生命，恐懼、壓力迫使你的潛能最大限度地爆發出來，結果便出現了奇蹟。

在第二次世界大戰期間，一艘美國驅逐艦停泊在某國的港灣。那天晚上，明月高照，一片寧靜。一名士兵照例巡視全艦，突然，他停步站立不動，因為他看到了一個烏黑的大東西在不遠的水上浮動著。他驚駭地發現那是一枚觸發水雷，可能是從一處雷區脫離出來的，正隨著退潮慢慢向艦身中央漂來。

他立刻抓起艦內通訊電話機，通知了值日官。值日官馬上快步跑來，確認了情況後便很快地通知了艦長，並且發出全艦戒備訊號，全艦立時動員了起來。

官兵們都愕然地注視著那枚慢慢漂近的水雷，大家都瞭解眼前的狀況——災難即將來臨。

為了解除眼前的危機，軍官們提出了各種辦法。他們該起錨走嗎？不行，沒有足夠的時間；發動引擎使水雷漂離開？不行，因為螺旋槳轉動只會使水雷更快地漂向艦身；以槍炮引發水雷？也不行，因為那枚水雷太接近艦裏面的彈藥庫了。那麼該怎麼辦呢？放下一支小艇，用一支長杆把水雷攜走？這也不行，因為那是一枚觸發水雷，同時也沒有時間去拆下水雷的雷管。

悲劇似乎已經沒有辦法避免了。

這時，一名水兵想出了更好的辦法。「把消防水管拿來。」他大喊著。大家立刻明白了他的意思。他們向艦艇和水雷之間的海面噴水，製造一條水流，把水雷帶向遠方，然後再用艦炮引炸了水雷。

這位水兵只是個普通人，但他卻具有在危機狀況下冷靜而正確思考的能力。我們每一個人的身體內部都有這種天賦的能力，也就是說，我們每一個人都有未被開發出來的潛能。

不論有什麼樣的困難或危機影響到你的狀況，只要你認爲你行，你就能夠處理和解決這些困難或危機。對你的能力抱著肯定的想法，你就能發揮出自己的潛能，並因而產生有效的行動。

2／自我暗示：讓成功在潛意識中紮根

無論是存在於意識還是潛意識中的念頭，都會讓我們產生某種「關聯感」，促使我們用行動去把這些念頭變成現實。例如，如果一個人的腦海中經常出現這樣的念頭：「我相信我自己，我很勇敢，我努力去做的事情必將取得成功。」那麼，他就能成爲一個勇敢而自信的人。這樣的過程就是自我暗示。

美國著名的歌壇巨星惠尼．休斯頓雖然已經隕落人間，但是她成功的故事卻一直為人們所關注。

作為一個黑人歌唱家，她能夠在美國音樂界中佔有和麥克．傑克遜同等的地位，實在是讓人敬佩不已。她的歌聲曾經俘獲了全美乃至全世界人民的心，而她的成功卻絕非偶然。

惠尼．休斯頓的母親是二十世紀六〇年代「甜美靈感」樂隊的創始人——

錫西，她認為自己的女兒有著出眾的歌唱才華，所以她經常教休斯頓學唱歌。但是休斯頓一開始並沒有想過要當個像母親那樣的歌星，因為她生性自卑。在她看來，母親的光環是那樣耀眼，有那麼多的人喜歡自己的母親，而她也崇拜自己的母親，她根本不相信自己能做到像母親那樣優秀。

到了十七歲的時候，休斯頓依然像個普通的學生那樣上下學，偶爾會去看母親的演唱會，當然，自己也會練習唱歌。但從現實的角度來說，一個出生在歌星世家的年輕人，哪怕是嗓子不好，在十七歲的時候也早該學會登臺演出，混跡娛樂圈了，但是休斯頓卻並沒有，因為她一直認為自己沒有那個能力。而細心的母親卻發現這個看上去略帶傷感的女兒潛意識裏存在著強大的自我力量，雖然母親瞭解女兒的實力，但是女兒並沒有發現自我潛意識裏的那種能力和力量。

那時候的休斯頓正處在青春張揚時期，她內心非常矛盾，思考著自己將來的人生該怎樣走下去，是做個唱詩班的歌唱家，還是上大學，以後做一名職業人士，她陷入了迷茫。但是每次聽完母親唱歌之後，她在潛意識裏總能感覺到自己在歌唱方面的無限能力，她內心的「超我」總是抑制不住地想要跳出來。休斯頓每次有這樣的心理暗示之後總是會很高興，其實，她也很期待自己能夠像母親那樣站在舞臺上，接受人們的掌聲和喝彩。

在一個契機之下，惠尼．休斯頓潛意識裏的「超我」終於爆發了。母親為了能夠讓女兒有表現自我的機會，決定跟女兒同台演唱，這使休斯頓高興之餘也很緊張。雖然母親是主唱，自己只是表演嘉賓，但是她依然很努力地為這次演唱做著準備。就在演唱會即將開始的時候，母親卻因為嗓子突然發炎，發不了聲音而不得不決定退出演出，但是台下的觀眾已經全部就位，所以母親叮囑休斯頓一個人完成這次演唱會。當時母親只說了一句：「你一個人完全能夠挑起這個演唱會，我相信你，你有這個潛力！」

臨時接到通知的惠尼．休斯頓只能硬著頭皮，深呼吸走上舞臺。此時，她潛意識中的「超我」已經完全被激發出來了，她開始自我暗示，告訴自己一定能夠完成演唱。

就這樣，她獨自一人走上了大大的舞臺，充分地展現出了她那獨特而又富有磁性、動聽的歌喉，贏得了滿堂彩。惠尼．休斯頓的這次演唱傾倒了所有的觀眾，從此她一舉成名，成為了美國的頂級歌壇巨星。

從惠尼．休斯頓的成名故事中可以看出，她敢於邁向舞臺展現自己的歌喉，很大程度上在於她在潛意識中的自我暗示力量。

拿破崙．希爾曾說過：「很多人沒有成功，是因爲這些人都被內心思維方式中的那面『牆』限制住了。」顯然，成功的人是不會局限在某一個思維模式中的，他們會不斷地進行自我暗示，尋求自我內心的潛在機會和能力，並牢牢抓住潛意識所帶來的力量，從而走向成功。

在一九五四年以前，人們不敢相信有人竟然能夠在四分鐘之內跑完一英里的路程，因為在這之前，沒有人取得過這樣的成績。

然而，當時英國著名的長跑運動員羅傑．班尼斯特卻不認為這是人類的極限，他將在四分鐘之內跑完一英里作為自己追求的夢想，而且他堅信，自己一定會突破這一極限。於是，他努力加強鍛煉，極力地發掘自己身體內的潛能量，而且他在日記中寫下了這樣的話：「這樣的速度是人們的一個夢想和目標。人們習慣性地認為這是不可能實現的，但這絕對只是一個幻象。」

在一九五四年五月的一天，班尼斯特在英國牛津突破了這個常規，用三分五十九秒的速度跑完了一英里，完成了人們以為不可能發生的事情。而在班尼斯特突破了這一極限之後的兩個月，又有一名澳大利亞的選手約翰．蘭迪再次打破了羅傑．班尼斯特的極限，用三分五十八秒的速度完成了一英里的飛躍，甚至再後來先後有十幾名選手紛紛超越了這個極限，取得了令人驚奇的成績。

無獨有偶，當美國的跳遠名將邁克．鮑威爾刷新保持了二十三年之久的世界跳遠紀錄時，全世界都為之震驚了。上大學二年級的時候，鮑威爾當時的最好成績是七點四七米，遠遠低於由比蒙創造的世界紀錄。

鮑威爾經過多年的奮鬥與磨煉，在全美冠軍賽上，僅僅以一釐米之差，遺憾地輸給了六十五次獲跳遠冠軍的卡爾．路易斯。

後來，在東京國立競技場世界田徑男子跳遠比賽中，路易斯與鮑威爾再次展開了角逐。第四回合的跳躍中，路易斯乘勝追擊，以八點九一米的成績超過了當時原世界紀錄一釐米。路易斯似乎確信他已穩操勝券了。

但就在這時，路易斯臉色驟變，因為鮑威爾在第五次試跳中，躍過了八點九五米的距離。這個成績刷新了塵封二十三年的世界紀錄。

此時的鮑威爾全身洋溢著成功的喜悅，他大口大口地喘著粗氣，表達著他打破路易斯神話的喜悅之情：「每個人都說路易斯是不可戰勝的，世界紀錄是不可能刷新的。但是，我堅持以『一定戰勝路易斯，一定打破紀錄』來進行自我暗示，終於在今天獲得了成功。」

以上幾個例子充分說明了自我暗示的神奇性。最後，我們簡單總結一下自我暗示的作用。

提醒作用

一位作家說：「當你要和別人發生爭吵，並已經準備好某些詞語時，請你在心裏默念：『我一定不要說出這些詞語！』只要這樣去做，大多是吵不起來的。」這位作家的看法，也

是一種心理暗示，他是暗示某種事情不會發生。當然，當你準備做某件事情，而又出現心理障礙如膽怯、緊張等情緒時，自我暗示也能起到正面強化的作用。例如，夜間在鄉村小路上行走，有些怕走夜路的人就可以用自我暗示的方法來鼓勵自己。

鎮定作用

人的心理十分複雜，經常會受到外界情境的影響，尤其在對抗、競爭的條件下，對手創造了一個好成績，或工作做到了你前面，會造成你的心理緊張。本來你有能力超過他，但因爲心理上的緊張，反而束縛了你潛在能力的發揮。自我暗示在這時就能起到排除雜念、鎮定情緒的作用。

集中作用

這同鎮定作用密切相關。一件事情，尤其是有一定難度的事情的成功，總是離不開注意力的高度集中。只有全力以赴，才能馬到成功，除此沒有別的捷徑。可是，人的注意力並不是說集中就能集中的。缺乏心理訓練的人，常常是到了注意力該集中的時候，卻出現心猿意馬的情況。怎麼辦？學會自我暗示，或許是一種比較有效的辦法。

3／積極的自我暗示的種類和方法

既然自我暗示如此神奇，那麼，具體應該怎樣做，才能充分利用自我暗示的機制取得成功呢？

首先，你必須要努力尋找，直到找到你願意爲之奮鬥一生的努力方向。當然，這方向一定要對自己和別人都有所裨益，不能損人利己。等到你確立了自己的努力方向之後，就把你想要達到的目標用一句話清楚地概括出來，然後牢記於心。

實際操作如下：

首先，發現你真正想要的事物，並真正瞭解它的本質

你可能有過這樣的經驗：當你得到了你認爲自己想要的東西時，你並沒有自己想像的那麼滿足。

你先要瞭解一樣東西能帶給你什麼樣的本質，能滿足你什麼樣的需要，以及在滿足這些需要後，你能更完整地展現什麼樣的美好特質。然後，當你想要的事物來臨時，它會以一種

真正能滿足你的形式出現，給你帶來喜悅，而且比你想像的還要美好。

你可能並不確定什麼樣的特性最符合你的要求。你或許想要一座新房子，但並不知道它在哪個方位或有幾間房間。如果是這樣，你可以具體想清楚它要滿足你生活中的哪些功用，以及你將如何使用它。你也許希望房子能照到早晨的陽光，光線充足，附近有樹林、有遊戲場地，不會受到鄰居的打擾，有開闊感，等等。這些特性就是你想要的房子的本質。

如果你專注於新家的外觀，或在心裏詳盡描繪它，但並不清楚你想要它滿足哪些功能，那麼你可能會得到你想要的特定外觀，卻發現房子並沒有滿足你的需要，諸如招待朋友、存放戶外設備或設立一間辦公室等。如果你能描繪出一座非常具體的房子，甚至詳盡到牆壁的顏色，這固然很好，但你也要知道你爲什麼想要這些具體的特性。

即使你知道自己想要的事物的形式，你也仍然需要瞭解它的本質，並盡可能將它的本質具體化。例如，如果你想要一台新電視機，你可以想像自己想要什麼顏色、特性以及其他的功能，然後問自己：「爲什麼我要這種特性，而不是那種特性。」當你越來越明確，你就會發現自己想要的事物的本質。如果你設計或建造過什麼東西，你可能就會發現，爲了達成你的目的，你必須事先考慮你想要它具備的所有用途和功能。

如果你想要一樣還不確定的事物，諸如變得富有或快樂，那就問自己：「我如何會知道自己什麼時候是快樂的？要在銀行有多少存款我才會覺得自己是富有的？要達到多少月收入？我能花多少額外的錢在我想要的開支上？」

其次，專注於創造你想要的事物，而不是專注於擺脫你不想要的事物

要想成功地自我暗示，就要把暗示的點專注於創造你想要的事物上，而不是專注於擺脫你不想要的事物。

許多人並不知道自己想要什麼，卻很清楚自己不要什麼。如果你不知道自己要什麼，你可以觀察生活中你所不喜歡的環境，然後要求相反的環境出現。如果問你的朋友們，什麼會讓他們快樂，或者他們想要什麼。你會驚訝地發現，許多人都會描述他們所不想要的情形，而不是他們想要些什麼。

對於所有你不想要的情形，要盡可能清晰地描繪你會以什麼樣的情形去取代它們。用肯定句以現在式陳述出你想要的事物，不要說「我不想爲付帳單而苦苦掙扎」，可以說「每個月我都能很輕鬆地付清帳單」。

另一個重要方面就是，你確定自己所要求的是你想像中自己會擁有的事物。如果你想要一百萬元，你能不能真的相信你會擁有這筆錢？尤其是，如果你連自己每月準時輕鬆付清房租都有困難的話，擁有一百萬元在你看來顯然就不那麼真實。在這種情況下，你對得到一百萬可行性的信念還不是非常強烈，不足以讓你用你的暗示的力量在一段時間之內得到這筆錢。

所以，最好先從你能想像自己會擁有的事物開始。這會強化你行動的信念，讓你相信自己有能力創造你想要的事物。

許多人都對自己說：「我應該掙錢來買房子、買車子。」但「應該」並不會給你足夠的能量去創造，對大多數人來說，這並不足以激勵自己。所以，你要承認自己的願望清單上有一部分並不是你真正想要的，這樣你才能專注於你真正想要的事物。

具體做法如下：

1.當你要上床睡覺時，從今晚開始，直到達到你的目標，在你準備要熟睡前，念以下的暗示十次，如「每天在各方面，我都會一天比一天好」。當你在念暗示時，想像自己無論哪一方面都會越來越好。

2.爲了避免睡著和忘記數到哪裏，你每說一次暗示，可以壓下右手的一隻手指，然後繼續到左手的手指，直到你說完十次暗示。

3.這可能是你第一次嘗試學習用暗示來有效地設置自己。每天晚上這樣練習，直到念完十次才能睡覺，這是非常重要的。

4.你已經開始建立一個習慣模式，在睡前適當地利用積極的暗示來設定自己。隔天你會發現自己會非常樂觀地反映昨晚的暗示。

5.你應該一輩子都用這種自我提高的方法。當你達到特定的目的後，你可以換另一個暗示。

需要注意的幾點如下：

1.句子應簡單有力，不要太長、太囉嗦。如「我很健康」，「我很聰明」，「我很精幹」，「我一定成功」等，不要說「我要好好學習，每天抽出二小時學外語，學好外語，可以出國，幹一番事業，掙一筆大錢」，這樣說太囉嗦了。

2.暗示語要有積極性，不要從反面說，因爲潛意識不喜歡拐彎抹角。例如「我的工作不應該幹成這個樣子，應該幹得更好」，這樣說就不好，應該說「我的工作很棒」，「我的工作很出色」等。

3.暗示語不要模棱兩可，要確定。例如，不要說「我的工作或許能取得成功，給單位帶來效益」，應該說「我能成功」、「我一定能成功」之類的話。

4.暗示語要有可行性。也就是說，暗示語的選擇，要考慮到是否符合自己的實際情況，是否符合內外環境情況，是否經過努力可以辦到。經過努力辦不到的事情，或內外環境根本不允許的事情，就不要去暗示。暗示時，最好暗示自己的近期目標，這個目標實現了，再暗示下一個目標。不要一次性暗示太遠了，因爲太遠容易脫離現實。

5.要配合想像，注入情感。自我暗示語確定下來後，要用想像力去配合，調動自己的情感因素去體驗成功時的感受。例如，想像你成功之後，站在領獎臺上的那種心情、感受，以此來強化自己的暗示語，使想像更加逼真，使暗示語進入自己的潛意識。

4／不做消極暗示的奴隸

不論是不是天性使然，限制你自己，不做完全努力，對自己做消極暗示，或者接受了消極的暗示，都是一種自暴自棄的行爲。

下面三個法寶，能輕鬆幫你打破自我設限，戰勝自我。

法寶一：抽出時間來獨處

一個人越是不同凡俗就越偉大，也越孤獨。孤獨是他更加深刻、更加明智地觀察生活的高度。

也許是因爲我們人類的孕育過程是孤獨的，要獨自在母體中進行孤獨的預演，而不像群生的浮游生物那樣，從生命形成的一剎那，就生活在一個群體中，處於一種「社會化」的狀態。因此，伴隨我們人生的，除了「社會」之外，就是孤獨。

這種深層次的孤獨促使我們在生活中要有適當「孤獨」，要一個人獨處。

適當地獨處，對於培養一個人的沉思氣質和獨立思考的能力、習慣有很大的好處。

人是社會的人，需要在一定的社會裏才能健康成長。但不知道你是否留意到，嬰幼兒是很喜歡一個人玩耍的，即使有家長或別的孩子在場，他也很少顧及。這或許是孩子在母體中獨處的一種記憶吧！老人不喜歡孤獨，但卻喜歡獨處，像是對母體中獨處的一種美好回憶。在生命的起點和終點，我們都表現出了一種生命原本的色彩，這不能不說是個很有趣的現象。

「適當的孤獨」和諸如幼年喪母、中年喪妻、老年喪子以及由於各種各樣的原因而被拋出人群的煢煢孑立的孤獨是相區別的，後一種孤獨對人生只有壞處，絕無益處。

適當的孤獨，是人生某種獨特價值的秘密陣地，是容納難以擺脫的情感的舞臺。這種孤獨，在繁瑣的世界中尋找簡練，在鬧市中尋找靜區，在世俗的衝擊中尋找脫俗，在違心的隨俗中尋找自潔，在不平的人生遭際中尋找平靜。可以說，適當的孤獨是我們人生的一種修煉。

適當的獨處，不是陷入某種所謂的境界中無力自拔，無力自拔不是一種人生境界，而是對人類理性的棄絕。試想一下，在勞碌了一段時間後，避開紛雜的人事，在某個安靜祥和的環境中，一個人靜靜地待著，什麼都可以想，什麼也可以不想；不想說的話不說，不想做的事不做，不想見的人不見；沒有人世間的爾虞我詐，整個世界只有自己一個人。這，是不是一種境界？

在你適當地獨處的這段時間裏，你可以好好審視一下你過去的人生，也可以好好設計一下你未來的人生；你可以想想自己過去的人生中，哪些人、事、物給你留下了美好的感情，又有哪些人、事、物使你不堪回首；你也可以像世間所有的傑出人物一樣，熱情奔騰地面對生活，同時又同自己的心靈悄悄對話。

當然，你不會忘記，「適當地獨處」並不是目的，不是爲了遠離人間，恰恰相反，它是爲了更好地同世間的人同歌共舞，幫助自己在人間更高地騰飛。

所以，如果你想更客觀、更真實地觀覽人生，觀覽人世，審視自我，爲你人生的再度昇華提供食糧，你可以暫時地拉開一段與「塵世」的距離，去適當地獨處一陣。之後，你會發現自己飛得更高了。

法寶二：告訴自己「不做別人想法的奴隸」

你做了某件事情，做出了人生的某一次選擇，你可能會想：「我這麼做，別人會怎麼想呢？」

這種想法的確是一種最普通、最常見也最具破壞性的消極的心理暗示。

「我必須每天出門，否則，鄰居會認爲我可能在家裏幹著見不得人的事情。」

「在會議上，我不能多發言，因爲我一說話，別人就會認爲我愛出風頭。」

「那件衣服我雖然很喜歡，但它太時髦了，別人會議論我的。」

……

這種「別人」式的想法是強而有力的牢籠。按著這種想法，我們可以解釋生活中的許多現象。它能解釋爲什麼這個世界上會有如此多的雷同和整齊劃一，爲什麼很多婦女熱衷於模仿別人的髮型，爲什麼推銷員都會用幾乎一模一樣的方法來推銷不管是絲襪還是家電，還能解釋爲什麼人們會一直活在令人極其厭煩、不愉快、不滿足的生活狀態之中。

這種「別人會怎樣想」式的奴隸想法會傷害我們的創造力和我們的人格。但現實是，不僅生活中的大部分人被「別人會怎麼想」所左右，我們在生活中也常常聽取那些不夠資格的人的忠告。

你的鄰居、親戚、同學、同事、上司、下屬，差不多你所認識的每一個人都會熱心地給你忠告。你做每一件事情都可能會聽到忠告，如新找了一份工作，新買了一家公司的股票，最近買了一樣傢俱，給孩子找了個家教……忠告幾乎遍及你生活中的每一件事情，你至少擁有一個排以上的熱心、自願且不用支付薪水的「顧問」，這些人來幫你做你的「自我約束、自我管理」方面的種種事宜。

你需要清醒的是，你的「顧問」團成員通常只是知道事情的一點皮毛而已。如果你是一個心理上不很成熟的人，往往會盲從這些自我推薦、自告奮勇而且屬於「義務者」的「顧問」們的忠告。你不相信自己，也不想聽聽學有專長的專家們的建議，反而對這些三流、四流甚至不入流的人物言聽計從，這豈不是你人生的悲劇。

以下是你避免成爲別人想法奴隸的具體做法：

第一，「別人」不是先知先覺的上帝，他們往往是道聽塗說的積極追隨者。如果你活在「別人的想法」中仍然非常愉快，那麼你就儘管模仿鄰居的生活吧，否則，你就需要有自己的生活方式、做人態度。只要你的行爲沒有傷害他人，你就可以隨自己高興，想怎麼做就怎麼做，這跟「別人」有什麼關係？

第二，你生活的地位越高，批評你的人就會越多，被人在茶餘飯後當作談資的對象的機會也越多。「被別人批評」本身就代表著你已經被別人羨慕。

第三，選擇一些不相信閒言碎語的人做朋友。若你周圍生活著這麼一批人，將有助於你不再對別人的想法過於在意，更不會恐懼。

第四，你需要記住：所謂的「別人」們通常有更多的事情正等著他們自己應付。那些事情比你遇到的問題麻煩得多，他們這時正坐在屋裏發愁呢。

法寶三：增進自我接受感，做自己的精神富翁

在這個世界上，有些人不喜歡自己，因爲他們無法接受自己。

不接受自己的人，常常心情鬱悶，對生活中的一切都沒興趣；他認爲自己思想怪誕，懷疑自己患有某種精神病；還抱怨周圍的親友、同事、鄰居不能理解他。實際上，他唯一的問題在於他不能接受自己，從而影響到了他對別人的接受，並進而產生其他方面適應的困難。

但他不曾意識到這點，無病自擾之，漸漸地就表現出了自暴自棄的傾向。

可見，對所有人來說，正確評價自己、接受自己至關重要。它關係到建立正確的自我觀念，適應環境，促使性格健康發展。接受自己，去除自卑感，是精神健康的重要保證。

怎樣才能增進自我接受感呢？

1.要克服完美主義。

認識到自己不可能做到十全十美。這世界並不完美，十全十美是可遇而不可求的，所以，應當知足常樂。

要容忍體諒，不但要與他人相處容易，亦要做到對自己的行爲不致苛求；不要做時鐘的奴隸，總想盡可能地在時間限制內完成工作，記住，「欲速則不達」；要明白討好所有的人是不可能的，所以根本不必去嘗試；「受歡迎」的本意是使他人賞識你本人，而不是你的最好表現；嘗試一下「言所欲言」，坦誠和直率能消除許多障礙與心理壓力；要對自己有信心，你和別人一樣有可取之處；勿過分自責，任何人都有彷徨的時刻；勿自悲自憐，你的遭遇並不重要，你對遭遇的反應才是最重要的。

2.要做到真正瞭解自己。

自知者明，自勝者勇。你可以通過比較法（與同齡、同樣條件的別人相比較）、觀察法（看別人對自己的態度）、分析法（剖析自己，瞭解自己的工作成果）等來認識瞭解自己。

3.要樹立符合自身情況的奮鬥目標。

這樣會使你有機會充分發揮自己的才智，力所能及的勝利能增加你的自信心。

4.要不斷擴大自己的生活經驗。

每個人都要經歷適應環境的過程。在這一過程中，你也許發揮了才幹，也許暴露了缺陷。這沒關係，正反兩方面的經驗都將促進你對自己的瞭解。

5.誠實坦率、平心靜氣地分析自己。

要有勇氣承認自己在能力或品質上的缺陷，肯定自己的長處，揚長避短。

幸福的富有並不單指物質富有，還包括精神富有。物質的富有只是滿足了人在需求上的欲望，而精神富有讓人感到生活更充實、快樂，這樣的人生才更有意義。

精神的富有包括很多內容，成功學大師拿破崙．希爾爲我們列出了以下幾點。

第一，你可以對自己有很高的評價

成功的人物都會對自己有很高的評價。這需要積極的思想做動力。你有了這種思想，就會一直超越，一直前進。這些積極性的思想包括：在我所認識的人中，你最有資格做這件事情，你要把自己的奮鬥目標定得更高些……

你要常問自己：我是否已經使用了我最大的智慧與能耐？如果答案不是百分之百，那就意味著你應該做些改變。而首要的改變就是，把消極思想換成積極思想。

第二，你可以讓自己顯得很重要

每個人都認爲自己很重要，但是，只有當人們感到迫切需要你的時候，你才真正變得很重要。

人們都喜歡跟那些興旺的人打交道。你越興旺，跟你打交道的人越多；跟你打交道的人越多，你就越興旺。如此良性循環下去，你目前的繁榮興旺就會引來更大的繁榮興旺，讓你的事業永遠昌盛不衰。

一個人能不能獲得成功，並不在於他目前已經擁有了多少，而在於他正在計畫要得到多少。爲此，你應該制訂一個增加自我價值的計畫，全速向真正美好的生活之路前進。這樣，世人將給我們怎樣的評價呢？回答是：正等於我們對自己的評價。

自我評價決定了別人對你的評價，這是一條定律。別人對你的評價越高，越顯出你的重要。

第三，你可以有充分的自尊

對於每個成功者來說，最珍貴的財產就是「對自我的尊敬」。只要能保持這份自我尊敬，你就能保持完美生活所必需的諸種要素：擁有朋友，被人崇拜，以及被人接納。

5／給內心設立一個「精神偶像」

拿破崙．希爾認爲：「每個人心中都有一位自己想要成爲的人，這個人或許是拿破崙，或許是林肯總統，但無論是誰，這個人都會在內心帶給你很多力量。」

其實，這句話簡單地來說，就是「偶像的力量」。在內心設立一個「精神偶像」，這個「精神偶像」會讓你時刻進行自我暗示，而這種自我暗示能夠爆發出無限的潛力，讓你有機會能成爲如心中「偶像」那樣的人。

精神偶像不僅能夠幫你找到自我內心的那種潛意識，還能及時地激發你的潛在能力，使你走上成功的道路。

在美國有一個黑人，他是在貧民窟裏長大的。年幼的他身體非常瘦弱，經常生病，而且他在家裏八個孩子當中是學習最差的，也是最缺乏學習積極性的一個。雖然他的父親為他擔心，但小男孩自己卻並不為此感到灰心。

有一天，小男孩在家裏看電視，電視上正在介紹當時非常有名的高爾夫球運動員尼克勞斯。小男孩看到這個節目之後，心中湧出了一個想法：「我要像尼克勞斯那樣，當一個職業高爾夫運動選手！」

這個小男孩認為自己天生就是個高爾夫球運動員，小男孩雖然沒有錢買球杆，也沒有條件去打球，但是他在電視中看到尼克勞斯打球的樣子，感覺自身彷佛充滿了打高爾夫球的能量和技巧。他覺得自己天生就是個高爾夫球運動員，所以，他一定要打高爾夫，而且要像尼克勞斯一樣享譽全美國。於是，他將尼克勞斯奉為自己的偶像，每天都學著他的樣子用樹枝或者塑膠杆來比劃著打球，而且姿勢非常準確。小男孩所煥發出來的那種高爾夫球運動員特有的氣質讓人驚歎。

後來，小男孩向父親要錢買高爾夫球杆，但是父親不同意，還說那是富人玩的運動，窮人玩不起。但是他的媽媽看到了兒子的天賦，在媽媽的請求下，男孩的父親親手給他做了一個球杆。雖然這個球杆不是那麼華麗，也並不專業，但小男孩卻很愛惜它。同時，他父親還在自家的空地上幫他挖了幾個洞，小男孩每天會用撿來的高爾夫球練習很長時間。

很快，男孩高中的體育老師費爾曼發現了他的高爾夫球天賦，於是介紹他到高爾夫俱樂部去練習球技，學費都是這位熱心的教練幫他墊付的。家庭的貧困和教練的支持更讓男孩堅定了自己的理想，他時時刻刻都在內心對自己說：「尼克勞斯當初也是很貧窮的，但是他堅持了下來，所以他成功了。我也應當和他一樣！」

在這樣的心理暗示下，他在俱樂部更加努力地練球，所以他的球技越來越好，而且受到了很多業內人士的關注。在進入俱樂部三個月之後，他憑藉著自己的實力獲得了奧蘭多市少年高爾夫大賽的冠軍，而他也因此在高中畢業之後被斯坦福大學錄取。

但這時候，男孩卻突然想要放棄高爾夫球，原因是他的家境實在是太貧困了，而且他還要讀大學。當時有個朋友的哥哥開公司，正缺人手，薪水豐厚，他決定去那裏上班，以養家糊口。他的教練費爾曼聽說之後，再次找到了他，詢問了他的情況之後，問他的理想是什麼。

男孩停頓了很長時間，然後說道：「是的，我想要成為尼克勞斯那樣的高爾夫球選手。」

聽到男孩的回答，教練只說了一句：「你還記得就好。」然後就走了。

教練走後，男孩陷入了沉思，他呆呆地坐在屋子裏，內心反覆地出現這句「我要成為尼克勞斯那樣的高爾夫球選手」。他的潛意識中彷彿出現了很多美好的畫面，全是他站在碧綠的球場上，優雅地揮著球杆這樣的畫面。想到這裏，他內心忽然出現了一種莫大的力量和精神支持。於是，他毅然決然地拿起電話向朋友的哥哥說明了自己的想法，辭去了工作。

辭去工作之後，他開始在俱樂部努力訓練，每次將要揮動球杆的時候，他都會對自己說：「大膽地去追求自己的夢想吧，尼克勞斯也會這麼做的！」也就是在同年，這個男孩一舉獲得了當時全美國的業餘高爾夫大賽的冠軍。三年之後，他成為了一名職業的高爾夫球選手，還與自己崇拜的偶像尼克勞斯有過密切的球技切磋。

他終於夢想成真了，成為了像尼克勞斯那樣優秀的選手。他是迄今為止全世界最偉大的高爾夫球選手之一，而且也一直創造著高爾夫運動界的奇蹟；他曾經多次獲得高爾夫運動球手全球排名第一的稱號。他，就是泰格．伍茲。

或許你想成爲巴菲特那樣的大投資家，或許你想成爲FBI聯邦特工那樣的人，又或許你想當一名像茱莉亞．羅伯茲那樣的電影明星……而當你有了這樣的精神崇拜者之後，你的內心就會把他們的一切優點變成自己潛意識的一部分，而且是最重要的一部分。你在想要成爲這樣的人的時候，會在言談舉止或者是行爲處事上向這些精神偶像靠攏。

比如，在遇到一些問題需要處理的時候，你會不由自主地想：「如果是他，他會怎樣去做呢？」其實這些問題和想法都是自我暗示的心理效應，即自己會在內心中形成一種固定的模式——要向自己的精神偶像靠攏，而潛意識在收到這樣的訊息後，就會迸發出潛能量，使你做得像你的精神偶像那樣出色。

一九四一年，他出生於日本大阪一個貧寒家庭。小時候，他的鄰家大叔是

一位木匠，常帶他玩，並教他用木頭製作各種玩具。十三歲時，他和木匠大叔合作，在自家的房子上加蓋了一間閣樓。看著自己的這件「作品」，他非常驕傲，並由此確立了理想——當一名建築師。

高中畢業後，他雖因家庭貧困而放棄了上大學，但他並沒有放棄成為建築師的夢想。走向社會後，他幹起了傢俱製作和室內裝潢的工作，但這些工作不僅離成為建築師十分遙遠，而且收入極低，甚至無法維持基本的生活。他非常苦惱，不知道自己的出路在哪裏。

一天，他偶然在一個舊書攤上發現了瑞士建築大師勒・柯布西耶的建築作品集，立刻被那風格獨特的設計所吸引。他想買下這本書，可是錢不夠，於是央求老闆一定要替他保留這本書。他忍了幾天餓，終於湊夠了買書的錢。

柯布西耶的書不僅讓他知道了什麼是建築，還讓他找到了自己的人生出路：柯布西耶也沒有受過高等教育，是通過自學成為建築大師的，而他自學的方式除了讀書，便是旅遊。只要有機會，他就會到世界各地參觀建築傑作，對他來說，這是另一種方式的閱讀。於是，這個年輕人決定以柯布西耶為偶像，複製他的成功之路。

他開始一邊工作一邊自學，用一年的時間將大學建築系的教科書研讀完畢。接下來，他要像柯布西耶那樣去世界各地旅遊，但是，他沒有錢！

就在他一籌莫展之際，一位朋友說，只要做上拳擊手就可以拿到工作簽證出國比賽。於是，他用了兩個多月的時間拿到了職業拳擊賽的執照，然後利用出國比賽的機會到世界各地旅遊。

從一九六二年開始，他經西伯利亞鐵路來到莫斯科，然後從北歐進入中歐、南歐，接著再到印度……在漫長的旅行途中，他欣賞到了無數建築傑作。

一九六九年，他結束了歷時七年的旅遊生涯回到日本，開設了一家建築師事務所。但是，沒人承認他是一名建築師，大家都覺得他異想天開：「一個沒受過正規教育的人，怎麼可能成為建築師呢？」

面對質疑，他沒有退縮，經過整整七年的不懈努力，一九七六年，他設計的「住吉的長屋」讓他在日本建築界嶄露頭角。

此後，又經過長達二十多年的奮鬥，他終於成長為了像柯布西耶那樣的大師級人物——一九九五年，在他五十四歲時，他獲得了有「建築界諾貝爾獎」之稱的「普立茲克獎」，成為有史以來獲此殊榮的第三位日本建築師。

他就是被譽為「清水混凝土詩人」的安藤忠雄。他和「鳥巢」設計者赫爾佐格、央視新址設計者庫哈斯被合稱為世界三大建築師。

可見，擁有一個精神上的偶像，時刻拿偶像的優點來進行自我暗示，能更容易讓自己產生成功的意念。

6／肯定自己——心理暗示最有效的技巧

肯定自己，是自我心理暗示最基本的技巧，也是最有效的。

德國心理學家艾賓浩斯．赫爾曼指出：「和自己說話的基本前提和原則就是肯定自我。」

美國著名的心理學家哈樂德．凱利曾經做過一個與著名的羅森塔爾效應很相似的實驗。當時正值新學年開學之際，哈樂德請校長分別叫三位教師來辦公室，並且分配給他們一個很重要的任務：校長從全校挑選一百名最優秀的尖子生，並且將其分為三個班，分別讓這三位教師教授。校長還對這三位教師說，由於他們是全校最優秀和出色的教師，所以才將這個重任交給他們。由於這一百名學生的成績都是拔尖的，所以校長希望這三位老師能夠認真教授，不要給最優秀教師的稱號丟臉。這三位教師聽到自己不但是最優秀的教師，還被委以如此重要的任務，內心都非常高興，表示一定會努力培養學生們。但校長另外還叮囑他們，對待這些學生要像對待其他學生那樣，不要太過張揚。

這個實驗在哈樂德．凱利博士的安排下正式開始了。一年之後，結果出來了：這三個班級的學生的成績在全年級中是最好的。

其實，這些學生原本根本不是最優秀的，他們只是被隨機抽取出來的最普通的學生，那三位老師也是隨機抽取出來的普通教師。但就是這樣的組合，卻取得了如此優秀的成績，不得不說，「肯定自我」的力量是巨大的。

這三個教師都認爲自己是最出色的教師，所以他們在進行教學的時候總是會在內心進行自我心理暗示，肯定自我，並且對教學的工作充滿了無限的信心。這激發出了他們潛意識中的潛在能量，讓他們出色地發揮出了潛能力，最終，他們真的成了全校最優秀的教師。

這也證明了，在做任何事情的時候，哪怕是最困難的事情，如果能夠充分地肯定自我，擁有強有力的自我暗示心理，你就向成功更進了一步。

很多球迷都很喜歡阿根廷的十號運動員梅西——他在二〇〇九年獲得了「世界足球先生」，多次帶領球隊衝進歐洲杯、國王杯的決賽，並連續四年獲得國際足聯的金球獎。人們除了喜歡球場上的梅西，還敬佩他幼年時對夢想的堅持及其曲折的成功歷程。

生於一九八七年的梅西，在五歲的時候就表現出了自己的足球天賦，並開始在當地的一家俱樂部裏踢足球，教練就是他的父親。

然而，在十一歲的時候，梅西卻被醫生診斷出因缺乏荷爾蒙而導致骨骼發育異常，這意味著他會長不高，骨骼的發育會受影響。而骨骼對一名足球運動員的重要性不言自明，甚至可以說，強壯的骨骼就像是戰士的槍一樣重要。所以當時的小梅西十分不開心，而家境的貧窮也讓這個小男孩不得不放棄自己鍾愛的足球。為了讓兒子繼續他的夢想，梅西的父親不惜傾其所有為其治療。

就在這時，巴薩的雷克薩奇聽說了這件事情，他找到了梅西，觀看了他的足球比賽，認為這是一位未來的足球新星，所以他把梅西帶到了歐洲，並決定讓其接受更好的訓練和治療。

二〇〇〇年，十三歲的梅西只有一四〇公分的身高，當時球隊中的人們都笑話他，嘲笑他個子矮，差點連教練都放棄他。可是梅西卻沒有放棄自己，他總是在內心對自己說：「梅西，你可以的！」每次進一個球，他都會對自己說：「好樣的！梅西，你是最棒的！」正是因為他的這種自我肯定，才讓他內心的潛能無限爆發。他雖然在骨骼發育上有一定的障礙，但這似乎完全沒有影響到梅西的足球技能。

很快，巴薩青年隊的教練發現了梅西的超強天賦，迫不及待地想要與這位年輕的選手簽訂一份長達十二年的合約，但是由於國際足聯的規定，未滿二十歲的球員不能簽超過五年以上的合約，所以這項合同也就只簽到了二〇〇五年。在這期間，巴薩的教練竭盡全力地幫助梅西進行治療，在二〇〇三年的時候，梅西的個子長到了一百六十九公分。雖然個子依舊矮小，但梅西並沒有為此而感到沮喪，他每天都會跟自己對話，鼓勵和肯定自己，認為自己就是最優秀的選手。正是這種不服輸的勁頭為梅西帶來了無窮的力量，讓他一次又一次地攀登上國際足球運動的巔峰。

當然，肯定自我並不是說任何時候都要盲目肯定。

首先，在進行自我肯定的時候，要始終用一種現在進行的話語狀態進行自我暗示，而不是用一些將來的話語狀態。

比如，要經常這樣對自己說：「我現在已經越來越棒了！」而儘量不要用「我將來一定會越來越好」。因爲人在潛意識裏會對這種自我肯定有一定的反應，如果你對自己說「我將會變得更好」，你的潛意識很可能會傳遞給你「將來會變好嗎?很難說」這樣的資訊，而這會影響你的自我表現和潛能的發揮。

其次，自我肯定要在一種最積極的方式中進行。

「我再也不能懶惰了」和「我現在越來越努力和勤奮了」這兩個自我認可的話語表達的意思看似一樣，但是其積極程度卻並不一樣。前者雖然認識到了自己的懶惰，但是卻沒

有下定決心改掉；而後者卻有一種積極去實踐的感覺，所以肯定自我要用一種最積極的方式進行。

再次，在進行自我肯定的時候，語句越簡短越好。

肯定自我達到自我暗示是需要強有力的說服力的，而且一定要表達出強烈的情感，只有這樣，才能深入人心，內心的自我暗示才能起到作用。那些長篇大論的自我肯定的語言缺乏情感上的衝擊力，難以起到自我暗示的作用，不能激發出潛意識中的潛在能量。

最後，要讓自己的潛意識相信你思想內的自我肯定。

在進行自我肯定的時候，我們要盡力創造出一種可信的感覺，只有這樣，才能讓潛意識完全接收這樣的資訊。而只有感到真實的存在感，才能達到一定的效果，從而讓潛能量更加充分地爆發出來。

7／積極的環境給予正面的心態

離開不合適的環境是改造自我的第一步。一個能夠喚起潛能的環境與成功存在很大的關係。

一八五六年，年輕的菲爾德來到芝加哥，這座不可思議的城市剛剛開始邁開它空前的發展步伐。

當時的城市居民大約只有八萬五千人，數年以前，它不過就是印第安人的一個貿易村。但是，這座城市的發展速度之快，連最為樂觀的居民也始料未及。空氣中到處都瀰漫著成功的氣息，許多貧困孩子在這裏取得了巨大成功。這喚起了菲爾德的理想抱負，點燃了他想要成為一名偉大商人的心。

「如果別人能完成這些精彩的事情，」他自問道，「我為什麼不能？」

紐約兒童法院的主任觀護人在一九〇五年的一次報告中說：「讓孩子離開不合適的環境是改造他們的第一步。」紐約防止虐待兒童協會在對五十多萬兒童進行調查之後得出結論：環境的力量比遺傳還強大。

即使是最強大的人，也無法超越環境的影響。無論我們的本性多麼獨立，意志多麼堅強，我們還是會不斷地被身邊的環境所感染。就拿出身最好的孩子打比方，即使他擁有最優秀的遺傳基因，如果由野人來撫養他，會有多少遺傳基因被保留了下來呢？如果他從嬰兒時期就在一個野蠻的氛圍生活，長大後自然就會變得野蠻。

通常來說，我們會跟隨生活當中相對比較強大的趨勢起起落落。著名的詩歌《我是所有與我相遇的人的一部分》並不只是詩人的異想天開，這絕對是事實。所有的一切——聽到的每一次講座或談話，每一個感動你生命的人——都會對你的性格造成影響。在這些交往或體驗之後，你已經不再是原先的那個自己了。

多年以前，一群俄羅斯工人被俄羅斯一家造船公司送到美國學習美國造船技術以及美國精神。六個月之後，這幫俄羅斯人幾乎與共事的美國技工相差無幾。他們的野心、個性、個人主動性以及工作中的優異表現都得到了開發甚至進一步的提升。一年之後，他們回到了自己的國家，周圍死氣沉沉的環境開始對他們發揮作用。這些工人開始逐漸喪失對工作的激情和追求精益求精的願望，變得按部就班，他們除了日常工作之外，沒有任何新的目標，他們被與奮環境激發出來的理想抱負再次陷入了沉睡狀態。

如果你採訪大多數的失敗者，你會發現，許多人失敗的原因在於他們從未接觸過令人振奮的環境，他們的野心從未被喚起過，或者是他們的意志不夠堅強，不能在令人沮喪的不利環境下振作精神。監獄與貧民院中的大多數人都是受環境影響的典型範例，這些環境將他們體內最邪惡的部分激發了出來。

無論你在生活中做什麼，一定要不畏任何犧牲，儘量待在一個能夠喚起你內在潛能、激發你自我發展的環境裏。你要同理解你的人、相信你的人、幫助你發現自我以及鼓勵你充分展示自我的人保持緊密的聯繫，這將對你到底是取得重大成功還是過平庸的生活起到決定性的作用。

人很容易受到環境的影響。人的天性中本來就有喜愛安逸、享受舒適的惰性。許多少年時滿懷壯志、朝氣蓬勃的人，最後之所以一事無成，大部分都是因爲在安逸的生活、工作環境中待久了，漸漸地失去了鬥志，缺少走出去爲事業拚搏的勇氣。再加上舒適的環境缺少激烈的競爭，人的思維能力和機變能力也會漸漸變得遲鈍，失去敏銳性，最終，只能成爲環境的奴隸，庸庸碌碌地走過一生。

有一個辦公室門口擺著一個大魚缸，缸裏放養著十幾條產自熱帶的雜交魚。那種魚長約三寸，大頭紅背，長得特別漂亮，惹得許多人駐足凝視。

一轉眼兩年時間過去了，那些魚在這兩年時間裏似乎沒有什麼變化，依舊三寸來長，大頭紅背，每天自得其樂地在魚缸裏時而遊玩，時而小憩，吸引著人們驚羨的目光。

有一天，魚缸的缸底被該單位領導那頑皮的小兒子砸了一個大洞，待人們發現時，缸裏的水已經所剩無幾了，十幾條熱帶魚可憐巴巴地趴在那兒苟延殘喘，人們急忙把它們打撈出來。撈出來後，該把牠們放到哪裏呢？人們四處張望了一下，發現只有院子當中的噴水池可以當牠們的容身之所。於是，人們把那十幾條魚放了進去。

兩個月後，一個新的魚缸被抬了回來，人們都跑到噴水池邊來撈魚。撈出來一條，人們大吃一驚，甚至有點手足無措。兩個月，僅僅是兩個月的時間，那些魚竟然都由三寸瘋長到了一尺！

對此，人們七嘴八舌，眾說紛紜。有的說可能是因為噴水池的水是活水，魚才長這麼長；有的說噴水池裏可能含有某種礦物質；也有的說那些魚可能是吃了什麼特殊的食物。

但無論如何，都有共同的前提，那就是噴水池要比魚缸大得多。

環境可以塑造一個人，也可以毀滅一個人。如果生活在一個益於成長的大環境，人們可以更好地成長，更好地發揮自己才能；而如果生活在一個不宜成長的狹小環境中，由於受環境影響，人們無法施展自己的才能，往往會自暴自棄。

與其不斷地抱怨壞環境，不如主動地適應環境，或選擇環境，不斷創造有利於自己的條件。

美國南部某州，每年都會舉行一次番瓜大賽。一位農夫年年都是金獎得主，而且每次得獎後，他都會把種子分給鄰居，從不吝惜。有人問他為什麼如此好心，不怕別人超過自己嗎？

他說：「我這樣做其實是在幫自己。」

原來，這位農夫的土地與鄰居們的土地相連，如果別人家的番瓜品種很差，蜜蜂在傳花授粉時，勢必會使他家的番瓜受到污染，到時就培養不成優質的番瓜了。

環境的影響是巨大的，對植物如此，對人也是如此。有人說，在清華、北大住幾年，哪怕不讀書，也能受到一些薰陶。的確如此，你是否屬於「優良品種」，取決於你身邊的人。假如你周圍都是庸才，你因缺乏一流的溝通，終將變成庸才；假如你的對手都很弱小，你因缺少有力的挑戰，也終將變得弱小。

正在一家私人企業做主管會計的蕭立，最近辭去了工作，進入了剛進駐本市開展業務的一家大公司，重新從底層做起。朋友問他原因，他笑說：「老闆不夠狠。」原公司老闆以溫柔敦厚著稱，某位經理因為收取回扣，造成了公司巨大的損失，證據確鑿之下，被上司勒令離職。但是這位經理是老闆的校友，別有一番私人關係，自己理虧，還敢越級上奏，結果竟被留了下來，既往不咎。

還有幾位資深員工，在該公司完全趕不上發展速度，已經到了每天早上到公司喝茶、看報紙過悠閒生活的地步。公司人事部門在專業評估後，請這幾位退休，他們就跑去跟老闆哭訴。老闆心軟，又讓他們留了下來。

由於老闆心地好，不會主動辭掉員工，公司數百名員工的平均年齡，竟然高達五十歲。放眼望去，白髮者居多。雖然他也欣賞老闆的慈悲為懷，但是幾經考慮，這樣的公司實在趕不上日新月異的時代，未來經營的危機很大，再待下去「就像坐上一班不久後一定會撞上山崖的慢車一樣」。老闆賞罰不分，仁慈到近乎懦弱的地步，他工作起來也沒有什麼動力，於是一咬牙，投靠到別的公司去了。

輕鬆的環境看起來是不錯，工作又清閒，壓力又小，是個養人的好地方。但它充其量只是一個「大魚缸」而已，沒有活水源，也沒有自己的發展空間，表面的平靜之下，其實隱藏著巨大的危機。員工們每天面對著自然狀態下的輕鬆工作環境，用不了多久，就會失去朝氣，陷入周而復始的古老生活狀態中，變成一群平凡而庸碌的人。即使中間還有衝勁、有抱負的年輕個體，時間一久也會被同化。這時再想出來，已經跟不上外面的節奏了，只能被時代無情地拋棄。

所以說，一個人要想有所作為，就不要去尋找容易的工作。安逸的環境、容易的工作沒有多少壓力，每天都輕輕鬆鬆，激發不了人的鬥志，挖掘不出生命深處的潛力。

在任何情況下，我們都應該把自己放在能夠煥發鬥志的環境中。只有這樣，才可以讓我們漸漸走上發展事業的道路。另外，這樣的環境也可以迫使我們慢慢克服自己身上的惰性，不斷地在壓力中面對挑戰，挖掘自身的潛力，開創出輝煌的業績。

當然，這裏說的環境不是狹義的，還可以是人、事物、聲音、光等。身處讓自己放鬆、愉快的人和物中（**可以不斷提醒自己周圍的人和物的優點**），熱情的紅色能提高情緒，舒緩的音樂能減緩煩躁，還可以在鏡子裏觀察自己的神態，不斷讚美自己、鼓勵自己。

8／截斷負面情緒，引入正向思考

正向思考是一種強大的力量，它不僅能讓我們的心智變得堅定、積極，而且會直接作用於我們的身體，使我們獲得心靈、身體的雙重支持。

經科學家研究證明，正向思考的神經系統所分泌的神經傳導物質具有促進細胞生長發育的作用。因為人體的神經系統與免疫系統相互關聯，所以在人們展開正向思考時，身體的免疫細胞也會同樣變得活躍起來，並繼續分化出更多的免疫細胞，使人體的免疫力增強。所以，一個積極面對生活、對身邊一切經常採取正面思考的人，更不容易生病，也更容易獲得長壽、健康的人生。

另外，研究學者寇菲也指出：人們在挫折面前，有超過九成的人會有退縮、攻擊、固執、壓抑等反應，而善於運用正向思考的人會有這些反應的比率則低於一成。

美國心理學家馬丁．塞利格曼也曾對修女做過一項關於快樂和長壽的研究。被納入研究範圍的一百八十位修女幾乎都過著有規律的與世隔絕的生活，不喝酒也不抽煙，幾乎吃著同樣的食物，都有相似的婚姻和生育歷史，社會地位以及享受到的醫療照顧基本相同，但這些修女的壽命和健康狀況差別卻很大。其中有人年紀接近百歲仍然身體健康，而有人則在年過半百時就患病而終。

後來塞利格曼發現，那些壽命較長的修女總是擁有著快樂、積極的生活態度。一位九十八歲的修女曾在她的自傳中寫道：「上帝賜給我無價的美德使我起步容易。過去一年在聖母修道院的日子非常愉快，我很開心地期待正式成爲修道院的一員，開始與慈愛天主結合的新生活。」

這位修女的健康與長壽很大程度上得益於她樂觀的心態。可見，正向思考帶給我們的力量是由心至身的，也是巨大的、不可替代的。它帶給我們無限向上的力量，讓我們即使面對逆境也能保持樂觀、積極的心態，不會因爲遭遇困難而怨天尤人、一蹶不振，更不會鬱悶成疾。它是可以由我們自行製造的健康保護傘、心理調節器。

一天，美國前總統羅斯福的家中失竊，損失了很多錢財。一位朋友得到消息後立刻給羅斯福寫了一封信，希望可以安慰他一下。不久，這位朋友收到了羅斯福的回信，信中寫道：

「親愛的朋友，非常感謝你來信安慰我，我現在很平安，請你放心，而且

我還要感謝上帝：首先，小偷偷去的是我的東西，但是沒有傷害到我的生命；其次，小偷只偷去了我家的一部分東西，而不是所有；再次，最讓我值得高興的是，做小偷的是他，而不是我。」

這是一個廣爲流傳的故事，羅斯福所列舉出的三條感謝上帝的理由，充分顯示了他作爲正向思考者的特質。

瞭解並認識正向思考者所具備的特質，並將其與自身相結合，也是一個剖析自我、認識自我，並間接完善自我的過程。

善於正向思考的人都有著幾乎相同的人格特質，對於人生的態度也驚人地相似，這讓他們擁有了把握精彩人生的巨大力量，使他們時刻心懷感恩、積極向上，爲自己的生命而歌。正如霍金所說：「我的大腦還能思維，我有終生追求的理想，有我愛和愛我的親人和朋友，對了，我還有一顆感恩的心……」這成爲了那些正向思考者始終都在心中哼唱著的歌謠。

歸納來看，正向思考者所具備的特質主要體現在以下三個方面：

1.能夠坦然面對現實。

現實也許並不總是像我們想像的那樣美好，難免會上演悲傷與落寞，逃避現實只能讓它們越來越近，而唯有面對，才能獲得與之抗爭的勇氣與力量。

2.擁有深信「生命有其意義」的價值觀。

任何一個生命個體都有其獨特的意義。完全地發揮生命的內在力量，並將這些力量服務於社會，貢獻於世界，那麼，每個生命都將閃現出耀眼的光芒，獲得世界的認可。

3.即時解決問題的驚人能力。

行動是一切事物得以實現的重要因素，如果只說不做，再多的思考也是徒勞。具備解決問題的驚人能力，才能獲得推動事物發展的實力。

這三條特質概括地詮釋了人們駕馭自我、實現生命完整價值的過程：樹立信心、堅定信念、實施行動。這是需要被我們深刻體會的，信心需要多大，信念需要多麼堅定，行動需要付出多少艱辛與努力，都是需要我們每個人去深入瞭解的。

第八章

讀懂他人心態

1／任何成功離不開好人緣，讀懂他人心理很重要

在《三國演義》中，曹操「挾天子以令諸侯」，天時可謂備矣；孫權盡掌東吳，地利更是占盡；而劉備獨憑「人和」之勢，從一布衣，卻能劃天下為三而獨佔其一，足見「人和」在這三種因素中的最不可小覷之處。

透過「三國爭霸」的歷史，我們完全可以窺出這樣一條真理：天時不如地利，地利不如人和。強者，就算「天時、地利」占盡，沒有「人和」，仍然可能功虧一簣；弱者，哪怕只具「人和」，仍然有一爭的機會。這對我們當下的現實生活具有極大的指導意義。

擁有「天時」時，你運氣很好，機會總是光顧你；佔據地利時，你做的行業是當下最流行、最火爆的行業；但這些都不如「人和」，唯有「人和」是成事的最得力助手。當你擁有了無數朋友，即便剛開始你貌不驚人、一文不名，但你仍然可以鯉魚跳龍門，麻雀成鳳凰。

人和，對一個人事業的影響難以估算，所以凡是經歷過生意場上的大波大折、大風大雨的大智慧者，都力勸後來的人們對「人和」的培養要花費大心血。美國石油大亨洛克菲勒曾直言不諱地說：「我願意付出比天底下得到其他本領更大的代價，來獲取與人相處的本領！」

有識之士都認識到了這一點，所以他們平時就很注重對「人和」要素的培養。他們廣交朋友，博納雅言，於是人心所向，順理成章地攀上成功的巔峰。

然而，現實生活中更多的人卻在無視甚至是蔑視「人和」的重要性。他們從不注重人脈的培養和維護，關閉了通向外界的窗子，雖然成功可能就在窗外，只有一步之遙，但這一步之遙卻成了他們一生都無法逾越的屏障。

想要創造良好的人際關係，就必須從瞭解對方的個性、看穿對方的心思開始。那些時常一起聚餐閒聊的朋友是什麼樣的個性，我們當然非常瞭解。但是面對一些初次見面卻又不得不寒暄應酬的人，洞悉對方的個性，針對其個性特點處理與其的關係，是達成有效溝通的關鍵。

《孟子》中有一段說：「存乎人者，莫良於眸子。眸子不能掩其惡。胸中正，則眸子了焉；胸中不正，則眸子眊焉。聽其言也，現其眸子，人焉廋哉。」意思是，觀察人的邪正，沒有比觀察他的眼睛更準確的了。眼睛不能遮掩人的惡念。心正，眼睛就明亮；心不正，眼睛就昏昧。聽了他的話，再看他的眼睛，人的邪正，哪裏隱藏得過去呢？

這段話告訴我們，有時表情比言語本身更能表達人們內心的動態。人類五官之中，眼睛是最敏銳、最誠實的。所以，對職場中的人來說，學會察言觀色很重要。

此外，說話的速度、音調、節奏等，也能幫助我們揣摩對方的心理。比如，說話的速度常常能反映一個人的心情。說話快的人突然慢下來，那他可能有些不滿；而說話慢的人忽然加快語速，那麼他可能在說謊，或者心中懷有愧疚。又如說話的音調，一般人說謊時，由於害怕事情被揭穿，音調會不自主地提高，同時，爲了反對他人的意見，也可能提高自己的音調。說話的節奏也很重要。節奏比較順暢時，說明他很有信心；若張口結舌、吞吞吐吐，說明他缺乏自信等。

現實生活中，每個人的觀念都不太一樣，必須多溝通，以促進彼此的瞭解，把對方的價值觀和人生觀摸清楚，然後再來評斷，這樣才能比較準確。否則把壞人當成好人，將好人看成壞人，不但自己吃虧，也會引起他人的不滿。特別是一些老於世故的人，喜怒不形於色，人們很難從表情上看出他的內心活動，若非經過多次觀察，最好不要輕率地加以判斷。

另外，我們還要注意幾點：

1.在解讀他人心意時，不僅要注意他說了些什麼，更要看他是怎麼說的。

2.需要敏銳的觀察力來解讀對方的心意。

3.肢體語言反映的，有時候是一種生理狀態（例如背痛）或一時的心智狀況（例如沮喪），而不是更常態性的人格特徵。

4.不同的情緒，可能會經由類似的行爲來宣洩，所以，千萬別死記每個單獨動作的意涵，而要看整體的套裝行爲來做判斷。

2／從語言瞭解對方心態，是取得勝利的關鍵

我們可以從對方言談的微妙之處觀察其性格特徵和內心活動。

在談吐中常說出「果然」的人，往往自以爲是，強調個人主張；經常使用「其實」的人，任性、倔強、自負，希望別人注意自己；經常使用「最後怎麼怎麼」一類詞彙的人，大多是其潛在的欲求未能得到滿足。

對辦事對象的瞭解，不能停留在靜觀默察上，還應主動偵察，採用一定的偵察對策，去激發對方的情緒，這樣才能夠迅速準確地把握對方的思想脈絡和動態，從而順其思路進行引導，使會談更易於成功。

如果對方說：「我沒時間！」

那麼你應該說：「我理解，我也老是時間不夠用。不過只要三分鐘，您就會相信，這是個對您絕對重要的議題……」

如果對方說：「我現在沒空！」

那麼你就應該說：「先生，美國富豪洛克菲勒說過，每個月花一天時間在錢上好好盤算，要比整整三十天都工作來得重要！我們只要花二十五分鐘的時間！麻煩您定個日子，選個您方便的時間！我星期一和星期二都會在貴公司附近，所以可以在星期一上午或者星期二下午來拜訪您一下！」

如果對方說：「我沒興趣。」

那麼你就應該說：「是，我完全理解，對一個談不上相信或者手上沒有什麼資料的事情，您當然不可能立刻產生興趣，有疑慮、有問題是十分合理自然的，讓我爲您解說一下吧，星期幾合適呢？」

如果對方說：「我沒興趣參加！」

那麼你就應該說：「我非常理解，先生，要您對不曉得有什麼好處的東西感興趣實在是強人所難。正因爲如此，我才想向您親自報告或說明。星期一或者星期二過來看您，行嗎？」

如果對方說：「請你把資料寄過來給我怎麼樣？」

那麼你就應該說：「先生，我們的資料都是精心設計的綱要和草案，必須配合人員的說明，而且要另外按個人情況再做修訂，等於是量體裁衣。所以，最好是我星期一或者星期二過來看您。您看什麼時候比較合適？」

如果對方說：「抱歉，我沒有錢！」

那麼你就應該說：「先生，我知道只有您才最瞭解自己的財務狀況。不過，現在弄個全盤規劃，對將來才會最有利！我可以在星期一或者星期二過來拜訪嗎？」或者是說：「我瞭解。要什麼有什麼的人畢竟不多，正因如此，我們現在開始選一種方法，希望能用最少的資金創造最大的利潤，這不是對未來的最好保障嗎？在這方面，我願意貢獻一己之力，可不可以下星期三或者週末來拜見您呢？」

如果對方說：「目前我們還無法確定業務發展會如何。」

那麼你就應該說：「先生，我們行銷比較擔心這項業務日後的發展，您先參考一下，看看我們的供貨方案優點在哪裏，是不是可行。我是星期一過來，還是星期二比較好？」

如果對方說：「要做決定的話，我得先跟合夥人談談！」

那麼你就應該說：「我完全理解，先生，我們什麼時候可以跟您的合夥人一起談？」

如果對方說：「我會再跟你聯絡！」

那麼你就應該說：「先生，也許您目前不會有什麼太大的意願，不過，我還是很樂意讓您瞭解，參與這項業務會對你大有裨益！」

如果對方說：「說來說去，還是要推銷東西？」

那麼你就應該說：「我當然是很想銷售東西給您了，不過，只有這東西讓您覺得值得期待，我才會賣給您。有關這一點，我們要不要一起討論研究看看？」

如果對方說：「我要先好好想想。」

那麼你就應該說：「先生，其實相關的重點我們已經討論過了，容我直率地問一問：您

顧慮的是什麼？」

如果對方說：「我再考慮考慮，下星期給你電話！」

那麼你就應該說：「歡迎您來電話，先生。您看這樣會不會更簡單些？我星期三下午晚一點的時候給您打電話，還是您覺得星期四上午比較好？」

如果對方說：「我要先跟我太太商量一下！」

那麼你就應該說：「好的，先生，我理解。可不可以約夫人一起來談談？約在這個週末，或者您喜歡哪一天？」

3／破解服飾背後的心理玄機

對初次見面的人，我們常注意他的穿著與打扮。曾經有位喜劇演員穿著乞丐的服裝，進入數家商店做實驗，結果都被趕出來了，甚至招攬計程車時，也因爲穿著破舊衣服而遭到了拒絕。

總之，服裝是身分及地位的重要表徵，這點不容忽視。服裝與配戴物給人的第一印象有很大的影響力，因爲穿著必須配合其活動場合，不同的穿著會有不同的行爲舉止。一個人的生活素質及周圍人對他的看法，都可從服飾上展現出來。

喜歡外國名牌服飾的男性，有一種別人無法與自己相提並論的自負感。例如，拿著名牌東西走在街上，又故意把牌子顯於人前，這表示他希望讓人知道他過著高水準的生活；而開進口大轎車者，也大多具有某種程度的炫耀心態。

服裝或配飾在一個人尚未開口講話之前，已經在不知不覺中洩露了很多有關他的事。所

謂「一樣米養百種人」，同樣的道理，一件衣服也可以穿出百種風情，而且每個人因爲審美觀的不同，在穿衣的表現上也往往因人而異。這種在衣著上的表現手法和一個人的性格是密不可分的。如果從服裝樣式來歸類，不難瞧出一個人個性上的些許特徵。

從衣服的品味看人

喜歡穿華麗服裝的人，大多自我表現欲強，有的甚至華麗過度，成了所謂的奇裝異服。一般而言，這一類人還伴隨有歇斯底里的性格傾向，對於金錢抱持著強烈的欲望。

衣著樸素的人，則多半屬於順應體制的類型。這類人通常都執著於傳統，對事物的觀察缺乏主體性。

而平常衣著樸素，但在特定場合、情況下喜歡穿華麗服裝的人，雖屬於順應體制型，但也擁有個性化的自我主張，經常利用聲東擊西的手法來掩飾身上的弱點。例如，對自己的容貌缺乏信心的女子，會通過穿迷你裙來轉移別人的注意力；禿頭的男士則通過進口的高級皮鞋，來削減他人對頂上毛髮稀疏的注意力。

對流行時裝敏感的人，也屬於順應體制型。這類人不但缺乏主見，還缺乏自信，看到別人怎麼穿自己便怎麼穿，從不考慮身材、年齡是否適合，借此混在流行服飾的浪潮中，讓自己消失在統一的格調裏，因爲這樣他們就不需要直接面對自己，或思考自己應該如何展現自我。

完全無視於自我的喜好，一味追求流行趕時髦的人，大都有孤獨感，情緒亦不穩定。而對流行毫不在乎的人，則屬於個性強烈的典型。但也有一種人由於種種原因，把自己關在象牙塔裏，唯恐被「社會化」，而失去自我的特殊性。這種人不易與人相處或共事。

衣著無固定類型，式樣、顏色、質料變幻無常，讓人無法瞭解他的真正喜好的人，大多屬於情緒不穩定、缺乏協調性的類型。這種人在潛意識裏有一種逃避現實的心理。

偏好條紋式西裝的人無法用客觀的眼光來看待、分析自己，對事物的看法非常主觀，無法認清自己在他人眼中的形象和地位，想法單純而直接。這類人主觀地認爲自己無所不能，即使犯了錯也不會承認，甚至將錯就錯。他們總是覺得自己高人一等，當看到有人跟自己同樣穿著條紋式西裝時，便會不假辭色地批評「這種西裝一點兒也不適合他們」。即使被當面指責，他們也不知自我反省，依然我行我素。所以，對於這一類型的人最好敬而遠之，他們在群體中被孤立是必然的事情。

喜歡穿格子西裝的人，大多是權力至上的野心家。他們對人充滿了攻擊性，心機深重，金錢欲望強烈，屬於現實主義者。當他們遇到魚與熊掌不能兼得的情況時，會很現實地選擇有利於自己的一方，堅守「有錢能使鬼推磨」的信念。雖然外表冷漠，不輕易流露感情，但其內心深處仍有脆弱、多愁善感的一面。

還有一種人，原本穿著特定格調的服飾，突然之間風格大變，穿起了與以往風格完全不同的服裝。這種人很可能在物質或精神方面受到了刺激，情緒有所變化，或內心有了新的決

定，所以外表上也出現了嶄新的造型。

還有義無反顧追逐流行的人，倘若模仿的對象能從一而終，倒也沒什麼不好；但若是A躥紅時就追隨A的腳步，B崛起時就模仿B的造型，那將他視爲「無法信任的人」準沒錯。因爲其反覆無常、難以捉摸的個性，會不斷變更自己所訂下的方針，讓人無所適從，所以，這類型的人永遠無法建立穩定長遠的人際關係。

裝扮全身卻忽視鞋子的人

你可曾細心留意周圍的人足下穿著何種樣式的鞋子？我們經常將目光集中在對方的服飾或配件上，很少遊移到腳的部分。會從上到下打量一個人，連鞋子都不放過的人，應該不多吧！有了這種想法，鞋子被忽視也就很自然了。

西裝上只要染上一點點污漬，我們便會緊張地送往洗衣店，同樣的情況發生在鞋子上就沒有那麼在意了。因此，一個連足下的打扮都不放過的人，肯定是相當注重形象的人，從頭到腳甚至於細微的地方都照顧周到，毫不忽視。

通常，擁有三十套服裝的人不見得同時擁有三十雙鞋子。而會利用各式各樣不同的鞋型來搭配服裝的人，對於自己的外表儀容肯定格外地重視，當然，這必須在經濟方面比較寬裕的情況下才行。

一般人大多只注意到上半身的打扮是否合宜，而忽略了鞋子是否搭配得當。所以，能夠將全身上下都顧慮周全的人大多有不錯的平衡感，待人處世方面也能做到周全得體。

全身上下都穿著名牌貨，只有鞋子是便宜的地攤貨，這類只著眼於人們注意得到的地方，而將不顯眼的地方草草略過、眼不見爲淨的人，大多虛榮心比較強，只注重表面功夫。

據說，日本警視廳的員警都以「服裝穿著打扮是否協調」的標準來注意馬路上過往的行人。例如，身上西裝筆挺，鞋子卻髒兮兮、鬆垮垮的，或者服裝邋裏邋遢，鞋子、皮包卻閃閃發亮，這種裝扮極不協調的人往往會被重點關注。同樣的，我們也可以拿這一點來作爲評斷他人的準則，以及整理自己儀容時必須注意的事項。

4／肢體動作透露一個人的真實心思

人的表情是情緒的晴雨表。如果強忍情緒佯裝面無表情，情緒便會在手腳的動作中流露出來。所以，要想知道對方的想法，除了面部表情之外，仔細觀察對方的肢體動作，也會有所收穫。

當你發覺對方神色有異時，偷偷瞄一下桌子底下，或許對方的腳正在不安地晃動著！

有一則短篇小說《手帕》，主角是一個剛失去孩子的寡婦。大家原以爲她會很傷心，可她的表情卻看不出有何特異之處，人們在無意間瞥見桌上手帕被揉得很亂，才知道她剛剛哭過了。可見，人的本性容易在細節上暴露出來。

喜歡以碰觸他人身體表示友好

「近來如何？」「好久不見，最近過得好嗎？」邊寒暄，邊將手搭在對方肩上，另一手則緊緊握住對方的手，這種習慣以碰觸他人身體表示友好的人，多半是政治家或是中小企業的董事長。雖說此舉是爲了表現親和力，但難免令人感覺過度親昵而渾身不自在。所以，如果你有這種習慣，又不懂得分寸的拿捏，就會被貼上不受歡迎的標籤，尤其是當男性對女性朋友做出這類動作的時候，很可能被認定爲性騷擾。

初次見面就以碰觸對方身體來打招呼的人，通常都特別自信。這種人完全不在乎對方的感受，單憑直覺認爲這種舉動可拉近彼此的距離，把他人當作自己的部屬來照顧，就像愛護寵物一樣。

若你樂於接受這種人的舉動，便會得到很好的照顧；反之，他會認爲你「背叛」了他，翻臉就像翻書似的，將你趕出他的勢力範圍。

和這種人相處，如果一開始你就甘心以部屬的身分跟隨他左右，那你將永遠無法翻身。如果你不希望如此，那麼在剛開始交往時就必須有技巧地與這種人保持適當的距離，避免成爲他的「身邊人」。因爲時日一久，當你不想再追隨他時，他便會有「被自己飼養的狗咬了一口」的感覺，從而與你反目成仇，甚至把你視爲敵人。

如果突然之間，他不再像以往那樣對你勾肩搭背，那你就應該小心了，因爲肢體語言告訴你，他已經將你排除在朋友之外了。

握手也能傳情達意

工作上即將展開一個新的計畫時，初次合作的夥伴們一定會先互相打招呼，握手寒暄，

若你對這個計畫充滿幹勁，伸出去的手自然也就充滿了力量。根據肢體語言學專家馬萊比昂的研究，一個強而有力的握手，會將自己的熱情、溫暖及善意傳遞給對方。它意味著「我們一起加油吧」或者「我對你的印象很不錯」。

但在某些情況下，握手代表的也可能是「我絕不會輸給你」的挑戰。目不轉睛盯著對方，令對手感到壓力，借助用力的握手告訴對方，我才是主導者，在氣勢上便贏了一大截。不論想表達的是哪一種意義，被握者皆能感受到其力量與熱誠；相反，缺乏幹勁、柔弱無力的人，其伸出來的手想必也是有氣無力的。

馬萊比昂認為，虛軟無力的握手，傳達的是缺乏誠意、不想和你共事的感覺。這種消極的態度，單憑一個握手便會傳達給對方，讓對方洞悉你的心意。所以，就算你內心有所顧忌，但對於初次見面時的握手，還是不應該輕視。

以下手的動作即表示同意的態度，如遇對方有如此動作，你大可鬆一口氣，與他進行進一步的交流。

——手腕放鬆，沒有握拳。

——手掌張開，放在桌上。

——拿開桌上的障礙物。

——托著下巴作思考狀。

如果他的手出現以下動作，那你則要小心了，這些代表否定的態度，你要提高警惕。

——胸腹前兩手握拳。
——雙肘打開，兩手放腿上。
——兩手交叉放在腦後，使身體向後搖動。
——手指面對你，做數數字狀。
——與對方談話時，不斷移動桌面上的東西。
——把抽屜打開又關上，好似尋找東西。
——用手指壓住額頭中間。
——用雙手托著下巴。
——用手掌輕拍桌面。

以上皆表示「我不高興」、「我不想說話」、「我不同意」的心理。此時不適合再採取說服對話的說詞，而應結束對話起身告辭，或改變話題。

腳的動作可以傳達出距離感

腳的明顯動作如腳尖拍動及搖晃，據心理學解釋是爲了減少緊張。坐著時，腳張開意味著輕鬆自在；若是彼此相對則表示容納你；兩腳緊閉代表拒絕你及自我防備之意。

在公園長椅上的情侶，由手臂、肩膀、姿勢、坐的位置，可看出其親暱的程度。若二人都蹺起二郎腿，彼此向著對方的方向，腳尖還不時地晃動，象徵不許別人干擾他們的二人世

界。而二人腳尖似乎有磁鐵般，互相吸引。

沒有特別的戀愛關係，膝蓋和腳尖會向關心自己的人的方向晃動；反之，則表面上似有好意，實際上腳抬起的方向卻不相同；膝蓋面對著你，表明心裏想遠離。

走路姿態是性格的表像

走路雖是與生俱有的天賦，但是這種看似不經意的動作，有時反而最能反應一個人的特性。譬如，因循守舊之人與明快果斷之人，其走路姿態絕對是迴然不同的。所以，隨著每個人走路姿態的不同，我們可以從中找出姿勢與個性的聯結。

——步履平穩型

這種人注重現實，精明而穩健，凡事三思而後行，不好高騖遠，重信義守承諾，不輕信人言，是值得信賴的人。

——步履急促型

不論有無急事，任何時候都顯得步履匆匆。這類人做事有效率，遇事不推諉卸責，精力充沛，喜愛面對各種挑戰。

——上身微傾型

走路時上身向前微傾的人，個性平和內向，謙虛而含蓄，不善言辭。與人相處，外冷內熱，表面上沉默冷淡，實際上極重情義，一旦成爲知交，便至死不渝。

——昂首闊步型

這類人以自我為中心，凡事只相信自己，對於人際關係較淡漠，但思維敏捷，做事有條不紊，富有組織能力，自始至終都能保持自己的完美形象。

——款款搖曳型

這種走路姿態多半是女性，她們腰肢款擺，搖曳生姿，為人坦誠熱情，心地善良，容易相處，在社交場合中永遠是受人歡迎的對象。

——步履整齊、雙手規則擺動型

這類人對待自己如軍人般，意志力相當堅強，具有高度組織能力，但容易偏向武斷獨裁，對生命及信念固執專注，不易為人所動，不惜犧牲性命去達成自己的目標與理想。

——八字型

雙足向內或向外，形成八字狀，走起路來用力且急躁，但是上半身卻維持不動。這種人不喜歡交際，但頭腦聰明，做起事來總是不動聲色，偶爾有守舊和虛偽的傾向。

——漫不經心型

步伐散漫，毫無固定規律可循，有時雙手插進褲袋裏，雙肩緊縮，有時雙手伸開，挺胸闊步。這種人達觀、大方、不拘小節、慷慨、有義氣、有創業的雄心，但有時容易變得浮誇，遇到爭執絕不肯讓人。

——腳踏實地型

雙足落地時鏗鏘有力，抬頭挺胸，行動快捷。這種人胸懷大志，富有進取心，理智與感情並重。

——斯文型

雙足平放，雙手自然擺動，走起路來異常斯文，毫不扭捏。這種人膽小、保守，缺乏遠大理想，但遇事冷靜沉著，不易發怒。

——衝鋒陷陣型

行動快速迅捷，從不瞻前顧後，不管人群擁擠或人煙罕至之地，一律橫衝直撞。這種人性格急躁、坦白、喜交談，不會做出對不起朋友的事。

——躊躇不決型

舉步維艱，躊躇不前，彷彿前端佈滿了陷阱。這種人個性軟弱，逢事思考再三，瞻前顧後，但憨直無欺，重感情，交友謹慎。

——混亂不堪型

雙足與雙手揮動不平均，步伐長短不齊，頻率複雜。這種人善忘、多疑，做事往往不負責任。

——觀望不前型

行走遲緩，猶猶豫豫，閃閃躲躲，彷彿做了虧心事。這種人胸無大志，好貪小便宜，不善與朋友交往，喜歡獨處，工作效率低。

——扭捏作態型

走路如迎風楊柳，左右搖擺。這種人好裝腔作勢，做事不肯負責，氣量狹小，個性奸詐，善於諂媚。

——吊腳型

步履輕佻，身軀飄浮。這種人生性狡猾，有小聰明但不能用在正處，性情陰沉，憤怒不會顯露於臉上。當他肯幫助別人時，通常都要索取高昂的代價。

——踉蹌型

舉步蹣跚，忽前忽後，喜歡在人群中東奔西竄。這種人做事粗心大意，但慷慨好施，不求名利，安分守己，愛熱鬧，健談，思想單純，喜歡做戶外活動。

——攜物型

走路總愛攜帶物品，如書籍、腰包等，否則就覺得空蕩蕩無所依恃。這種人心情憂鬱、性格內向，又或者是悲觀主義者，或有嚴重的自卑感。

眼神是思想的驗鈔機

一起聊天時，視線總是飄移不定的人，其心中也一定起起伏伏，無法平靜下來，這類人多半屬於不夠沉著穩重的類型，在其飄忽不定的眼神裏，我們可以隱約讀到他們腦子裏正在思索的事情。

比如，警方鎖定竊賊慣犯時，會仔細觀察嫌疑犯的視線。因爲正在物色獵物中的小偷，他的視線會不停地到處掃描，只有在尋獲到目標物時，其視線才會安定下來。

不只是小偷，當人在思索事情時，視線通常也會隨之左右移動。所以，視線不斷移動表示其人還處於思慮無法整合的狀態下，腦中思慮未果的情形便會無意識地流露於眼神之中。只有當所思考的事情有了雛形，或大致理出了頭緒，視線才會安定下來，眼睛或閉或凝神望向遠方，絲毫不受外來刺激的影響。

將所有事情理清，且欲傳達給他人知道時，視線便會很快地集中於前方。

在會議上或是其他場合中，你若試著觀察其他人，將可發現其中有視線遊移不定的人，也有一些視線沉穩的人。借助對方視線移動的方式，可以瞭解這個人腦中正處於什麼樣的狀態。

以下列出幾點供讀者參考：

——眼睛直直盯著對方，心中可能有隱情。

——在交談的空檔停下來注視對方時，表示說話內容是自己所強調的，或希望聽者能理解其中的內涵。

——初次見面先移開視線者，多半逞強好勝，想處於優勢地位。

——與對方的眼神一接觸便立刻移開目光者，大都有自卑感或心理有缺陷。

——看異性一眼後，便故意轉移目光者，表示對對方有著強烈的興趣。

——喜歡斜眼看人者，表示對對方懷有興趣，卻又不想讓對方識破。

——仰望對方時，表示對對方懷有尊敬和信賴之意。

——俯視對方者，欲向對方顯示威嚴。

——視線不集中在對方身上，迅速移轉者，大多屬於內向的人。

——視線左右晃動，表示他正陷入苦思冥想當中。

——談話時，目光突然往下望，表示此人正陷入沉思狀態。

在職場上經常可以遇到自顧自地說話，從來不願碰觸對方眼神的人。例如，公司的資深前輩把你叫到他座位旁商量事情，兩手卻不停翻動桌上的資料，口中喃喃自語，最後眼睛望著別處說：「嗯！你也辛苦了，多多加油吧！」真不知他這句話是在鼓勵自己，還是在慰勞別人。

和這種人在咖啡廳喝咖啡時，即使面對面地坐著，也無法確定他到底是在看隔壁的情侶，還是在觀察牆上壁紙的圖案。虛無縹緲的眼神令人捉摸不定，讓你完全無法感受到心領神會的聊天氣氛。

這種類型的人，實際上非常在意對方對自己的看法，也十分重視他人對自己的評價。視線交接時猶如被他人看穿的羞恥感令他害怕迎接別人的目光，無法放鬆心情，總覺得他人的視線帶有判斷自己、仲裁自己，甚至處罰自己的意味。

孩提時，當父母以惡狠狠的目光盯著我們時，心裏總會想：「糟了！我是不是做了什

麼錯事，被爸媽知道，惹他們生氣了？」這種經歷相信很多人都有過。沒有做虧心事時還好，若心中有鬼，就無法正視父母的眼神。這種情結延續到長大成人，就會導致當事人無法坦然地迎接他人的眼光，老是擔心自己是否做了什麼不得體的事，是否說錯什麼話而得罪了他人。

這種人小時候呈現出來的反應可能只是做事任性、情緒不穩定而已，但長大成人之後，不成熟的個性中卻隱含有城府頗深的一面。為了實現自己的欲望，他們會不惜使用卑劣的手段，向位高權重者阿諛奉承，就像兒時在父母親面前裝成聽話的乖孩子，背著父母時則完全變了個模樣，十足一個陽奉陰違的個性。

但這類人也並非一無是處，他們的想像力往往比常人豐富，若能將這運用在現實生活中好的一方面，結合周圍的資源與友人們的幫助，進而使自己的性格變得圓融成熟，未來開創出一番非凡的大事業也不是沒有可能。

從嘴的動作瞭解對方

嘴巴和面部表情是感情的兩大表達途徑。嘴巴最顯著的動作是笑，人的笑容可以分為許多種，有微笑、大笑、傻笑、狂笑、苦笑、嘲笑、含蓄的笑、忍不住竊笑、皮笑肉不笑等。能表達「笑」的語言很多，笑的面部表情的變化也不少。一般而言，有「笑」的場合，氣氛都較為輕鬆。當場面尷尬或空氣緊張時，如果能有一個人講個笑話引起大家發笑，緊張的局面馬上就可以得到緩解，由此可見笑的魔力之大。

此外，總是面帶笑容的人較容易使人接近，能增加雙方的親密度，迅速增進友誼；若是在較正式的談話場合，如商業談判及討論會議中能夠始終露出笑臉，將更有助於談判的順利進行和問題的解決。

笑是嘴的一種很開放性的表達感情的方式，那麼，嘴部的其他動作又能傳達出什麼意思呢？

——舔唇

經常舔嘴唇的人，大多屬於思維活躍、頭腦靈活型。他們判斷事物準確，從不主觀臆斷其好壞，說話總是有理有據，而且無論觀點遭到多少人的反駁，大多能自圓其說，令對方不得不點頭稱是。不過，這種人也有心術不正的一面，當其欲爲個人謀利，或個人利益受到侵犯時，一般會採取打擊報復的行爲，信奉「人不爲己，天誅地滅」的人生哲學。如果你的身邊有這種人，最好敬而遠之。

——舌頭在口腔內打轉

有這種習慣動作的人，通常對對方缺少尊重，抑或是對你的看法與觀點表示不滿和不同意。這種人的生活態度並不是很嚴謹，以一種順其自然的方式處理生活中的人際關係和事情，由於個性較孤傲，所以令人很難接近。但是這種人絕不是人性險惡的小人，他們大多喜歡隨遇而安，今朝有酒今朝醉，「明朝事天自安排」是他們性格的集中體現。如果你是一個

自尊心不是很強，而又時時需要輕鬆快樂一下的人，這樣的朋友無疑是一個不錯的選擇。

——嘴唇緊閉，下唇乾燥

這種人從氣質類型上來講，屬於抑鬱質的人。他們多懷有一種杞人憂天的心理，是一個不折不扣的悲觀主義者，就算偶爾地開懷一次，也會馬上想到壞的方面，從而更加痛苦。

——壓緊下唇

如果女性有這種習慣性動作，則說明這個人內心脆弱，總是有一種不安全感，這不僅表現在壓緊下唇上，其他如雙腿並緊、雙手環抱於胸前等動作，也反映了這一心理狀態。如果是男性有這一習慣，則大多是故作緊張，可能是想掩飾什麼，或有別的目的；否則，他就是一個行為偏女性化的人。

——用力上下咬牙，使兩頰肌肉顫動，面頰抽筋

這種人性格外向，屬於易暴易怒、缺乏冷靜的一類。只要是看不過去的事，他就要管，聽不順耳的話，他就要說，甚至有時會因此與人拳腳相加。與這類人交往應摸透其脾氣秉性，不然就會適得其反，交友不成反結仇。

——以手遮口者

「遮嘴」這個動作通常表示有所隱瞞。不能說的秘密一不留神說漏了嘴，然後馬上用手把口遮住，這個肢體語言所傳達的資訊，就是要自己「住嘴」。手經常在嘴巴附近移動，或者習慣用手遮掩嘴巴的人，心中必定信奉「沉默是金」、「言多必失」的信條。

這類人不太向他人傾吐自己的心事，總是在某處冷眼旁觀事情的發展。當事情發生時，會以旁觀者的口吻說「果然不出我所料」。既不哭鬧也不動怒，情緒起伏不大，但這並不代表他可以冷靜地處理事情。這種人絕不會主動表示自己要做什麼，別人也無法得知他到底想做什麼。或許他心中正計畫著某件事情，卻不會輕易表現出來，別人也無從得知。

這種人甚至在與他人交往時也堅持保持距離的態度，儘量避免過於黏膩的關係，給人冷漠的印象。若對他太過親密，反而容易引起他的反感；就算他主動接近你，也不會讓你觸碰到他的心底深處。與這類型人的相處，保持適當距離才是明智之舉。

雙臂交叉抱於胸前者的防衛心強

將雙臂交叉抱於胸前，是一種防禦性的姿勢。防禦來自眼前人的威脅感，保護自己不產生恐懼，這是一種心理上的防衛，也代表對眼前人的排斥。

這個動作似乎在傳達著「我不贊成你的意見」，「嗯……你所說的我完全不明白」，「我就是不欣賞你這個人」等。當對方將雙臂交叉抱於胸前與你談話時，雖然不斷點頭，但內心對你的意見其實並不贊同。

也有一些人在思考事情時，習慣將雙臂交叉抱於胸前，但是一般來說，有這種習慣的人基本上是屬於警戒心強的類型。在自己與他人之間畫下一道防線，不習慣對別人敞開心胸，永遠和對方保持適當的距離，冷漠地觀察對方。

防衛心強的人，大多數在幼兒時期沒有得到父母親充分的愛，如母親沒有親自餵母乳，總是被寄放在托兒所，缺乏一些溫暖的身體接觸等。在這種環境之下長大的人，特別容易表現出防禦性姿勢。

個性直率的人通常肢體語言也較爲自然、放得開。當父母對孩子說「到這兒來」，想給孩子一個擁抱時，一定會張開雙臂，擁他入懷。試試看將雙臂交叉抱於胸前對孩子說「到這兒來」，孩子們絕不會認爲你要擁抱他，而是擔心自己是否惹你生氣了，心中做著即將挨罵的準備。

觀察一下對方，是習慣將雙臂交叉抱於胸前，還是自然地放於兩旁？自然放於兩旁的人，較爲友善，易於親近，並且可以很快地和你成爲好朋友。不過，若你有不想告訴他人的秘密，又想找人商量時，請選擇習慣將雙臂抱於胸前的人。因爲太過直率的人往往守不住秘密，而習慣於雙臂抱胸的人則會對你的秘密守口如瓶。但是，要和這種人成爲親密的朋友，可能要花上很長一段時間。

搓鼻子是欲蓋彌彰的動作

說謊話者最擔心害怕的事，無疑就是謊言被拆穿。只要心中存在秘密，便會有害怕被對方看穿的恐懼，當你越心懷恐懼時，臉上的表情就會越不自然。

爲了掩飾不自然的表情，人們往往會借助頻頻搓鼻子、揉眼睛等動作來轉移別人的注意力。經常觸摸臉部的人給人以不穩重的感覺，這是一種內心不安的外顯動作，表示他不想讓人在自己的臉上讀到企圖隱瞞的事。但是，心虛地摸這裏碰那裏，反而更容易引起別人的注意，因爲只有當你無法自如地控制身體各部位的小動作時，手才會不自覺地移到臉上，想借此來蒙蔽對方的視線。

不過，這個動作也並非一定代表心中有鬼、蓄意撒謊。例如，朋友生日時，悄悄地準備生日禮物，想讓對方驚喜一番，這時候也有可能會出現摸臉搓鼻子的動作；又或者是，對某位異性深具好感，卻羞於表達，這種情況稱作「害羞的隱瞞」。

另外還有一種人，邊摸鼻子邊客氣地說：「哪裏哪裏，這只不過是不足掛齒的小事罷了。」其實心中暗想：「怎麼樣？我很厲害吧！」這是想隱藏「自滿心理」的另一種表現。還有一種是當事者並不是想刻意隱瞞事情，只是時機尚未成熟，但又不小心說漏了嘴，這時便會驚惶失措地將手伸向自己的臉。

只要心中坦蕩，不想隱藏任何事情，無須提心吊膽怕對方看穿自己的心思，摸臉的小動作就不會出現。

也有人爲了不讓人發現自己有所隱瞞，十分克制地控制住自己的手，讓它們乖乖地放在下方，但卻萬萬沒想到，這時雙腳竟開始不安定起來了。總之，想要毫無破綻地隱瞞事情，不讓自己的小動作洩露真相是不太可能的。

5／說話習慣透露對方的心理模式

經由統計，說話習慣與一個人的心理模式也有一定的聯繫。

從談話速度和語氣洞悉人心

說話的速度快慢與一個人的性格是絕對脫不了關係的。一個「慢郎中」絕不會說出如連珠炮般的話語來，而同樣一句話，語氣不同，意思也會完全走樣。所以，觀察一個人談話的速度和語氣，是開啓他心理狀態的鑰匙。

談話速度快的人，大多性子急；而那些說話慢條斯理的人，多是「慢郎中」，不管遇到什麼事情，總是不疾不徐，反應比別人慢半拍。

不滿對方或心懷敵意時，言談的速度就會放慢；而當心裏有鬼或想欺騙他人時，說話的速度大多會加快。一個平時沉默寡言的人，一時之間變得能言善辯、喋喋不休，表明其內心有不想爲人知的秘密或心虛，想用快言快語做掩飾。

充滿自信的人，談話時多用肯定語氣；缺乏自信或性格軟弱者，談話的節奏多半慢條斯理、欲振乏力。

喜歡小聲說話的人，不是對事物缺乏自信，就是行爲偏女性化（對男人而言）；而那些說起話來沒完沒了，希望話題無限延長的人，其內心潛藏著一種唯恐被別人打斷和反駁的不安，所以這種人總是以盛氣凌人的架勢談個不停。

喜歡用曖昧或不確定的語氣、詞彙作爲結束的人，害怕承擔責任。經常使用條件句的人，如「這只是我個人的看法」、「不能一概而論」、「在某種意義上」、「在某種情況下」等，大多屬於神經質和怕得罪人的個性退縮型。

聆聽他人講話時，眼神無法集中，東張西望或玩弄手指頭，表示對談話者感到厭煩；而頻頻重複對方的話，表示具有高度的耐心與好奇心。

聽別人說話時不停地大幅度點頭的人，表示正認真地聽對方講話；聽話時點頭示意，可視線卻並不集中於對方身上，這表示對對方的話題沒有共鳴；點頭次數過多，或者胡亂附和的人，多半不瞭解談話的內容；一面講話，一面自我附和的人，大都不容許對方反駁，性情極爲頑固，這種人不能與聽者進行交流，往往一人唱獨角戲，逕自下結論。

習慣說「不過」的人

常說「不過」的人，和常說「但是」的人，基本上是半斤八兩，都屬於自我主張強烈的

類型。然而，兩者相比較之下，常說「但是」的人較具有主動的攻擊性，而喜歡說「不過」的人則隱藏著被動的攻擊性。

習慣說「不過」的人，喜歡表現自我，期望得到眾人的注目，卻又不想引起他人的反感，例如：「雖然您這麼說，不過，應該是這樣，不是嗎？」「不過，那樣子可能行不通！」

這一類型的人習慣把責任推給別人，強調自己處於「無可奈何」的情況下，刻意逃避必須負責任的重擔。

這種人城府深、心機重，做任何事情都會預先設想，萬一失敗要如何逃避責任，如「如果到時我被這樣責難，就用這個法子搪塞過去」，「可能會被這樣批評，不過這也是沒有辦法的」等，心中預先演練各種可能會發生的狀況，並且預備好各式的臺詞作爲藉口。

在跟人相處方面也是如此。第一次見面時，他們通常不會主動向對方表示友好，一般會採取保持距離以利觀察的策略，看看對方和自己是否是同一陣線的人。經過謹慎的分析判斷之後，他們才會慢慢地接近對方。

表面上，他們給人和藹可親的感覺，容易和人打成一片，相處融洽。但是，一旦明瞭對方並不是和自己站在同一陣線時，他們便會毫不猶豫地斬斷這份友情，過河拆橋，表現出冷酷的一面。

想要他們對別人「推心置腹」，說出肺腑之言，是不太可能的，因爲他們隨時都處於警戒、防備的狀態之下，不容易解開心防。如果想和他們和諧共事，必須下相當大的功夫。有事情發生時，也別指望他們會扛下責任，因為他們會把一些莫須有的罪名加諸在你身上。因此，對這一類型的人還是小心應對為妙。

經常將「可是」掛在嘴邊的人

通過口頭禪可以清楚地看出一個人的個性，但有些人對於自己的口頭禪通常都不怎麼留意。

就拿口頭禪為「但是、可是」的人為例。當對對方說的話不表認同或者持否定的態度時，這些人便會使用「但是」這個轉折語；當認為對方所說的是錯誤的，想要反駁或推翻對方的言論時，也經常使用「但是」這個詞語。

然而，有一種人，不論什麼時候，都喜歡使用「但是」這個連接詞。當他們想要打斷別人的話題時，就會以「但是……」作為開場白。一般在「但是……」後面所接的句子應該是否定的，但仔細聽他們接下來發表的意見，其敘述的內容卻與剛才所述大同小異。這個時候似乎沒有使用「但是」的必要，他們之所以如此，其用意只是為了不想一直扮演「聽者」的角色，而希望他人的焦點都轉移到自己身上。

其實，想要提高自己價值的方法有很多種，根本沒有必要選擇這種否定對方的方式。他人的觀點是正確的，自己的看法也沒有錯，「你是你，我是我」，每個人都有自己的生存方式以及思想，但是，偏偏就有人屬於那種不否定別人就無法肯定自己的類型。這種老愛說

「但是」的人，心中常存有否定對方的攻擊性心理，似乎只有將對方貶低，才能顯出自己的偉大。

因爲如此，這類型的人常常喜歡濫用「但是」這個詞，爲反對而反對，爲否定而否定。如此一來，原本愉快的談話也會變得索然無味，即使如此，這類型的人依舊對他人的感覺無動於衷。

他們喜歡接近可以讓自己充分感受到優越感的人，如遭到主管斥責以致情緒低落的同事、剛失戀的友人等。因爲這些人心情鬱悶，自信心盡失，和他們相處，能感覺到相當的優越感。對這類不具威脅性的人，他們反而會靜靜地聆聽其心聲，並頻頻認同地點頭，表現出異常的親切。但要注意，這並不是他們發自內心的真正親切，切莫以爲他們是「和藹可親」的人，否則吃虧上當就後悔莫及了。

常說「所以說」的人

「所以說……」是用在強調並且延續之前所提過的事情，或者作爲結論時的用語。

「這件事的情況是這樣的……所以說，會變成現在這樣也是正常的，不是嗎？」

「……所以說，我以前不就提醒過你嗎？」

「所以說，那件事本來就應該如此。」

常把「所以說……」掛在嘴上的人，是經常會把自己之前說過的話加以強調其正確性並下結論的類型。他們認為，自己在一開始的時候就已經瞭解了所有的事情，頗有先見之明。

當別人說出事情的結果時，他們總是會說：「我之前不就說過了嗎？我早知道結果會是如此。」特別強調自己對事情的發展早已瞭若指掌。他們絕對不會說：「是啊！你說得對，我也是這麼想的。」而總是說：「所以說，這件事情就是這樣，我之前不就說過了嗎？」態度表現得非常強硬、傲慢，並且喜歡將所有的功勞往自己身上攬。

他們認為自己所說的話具有絕對的權威性，並有鄙視他人的心理，說話完全不顧及對方的心情。所以，常常把「所以說……」掛在嘴邊的人，容易惹人討厭卻完全不自知。事實上，他們並不覺得自己是個傲慢、令人厭惡的人，反而認為自己相當值得同情。因為他們得不到眾人的認同、理解，周圍的人都不願意傾聽、瞭解他們的事，頗有「眾人皆醉我獨醒」的寂寞之感。他們常在心中吶喊著：「所以說，我之前就警告過了，為什麼大家都不願意聽我的話呢？」

如果多瞭解他們一些，你就知道和這類型的人相處其實並不困難。他們非常希望得到他人的認同，渴望自己在他人心目中的形象是「見識廣博，什麼都懂」，所以，如果想和他們好好相處，只要在這一點上多忍耐擔待一些就可以了。

6／改變思維方式，更好地揣摩別人的心理

在現實生活中，善於思考問題、改變思路的人，總能在困境中尋找到解決問題的方法，在成功無望的時候創造出柳暗花明的奇蹟。

當今社會，經濟的發展格外受重視。多年來形成的市場經濟規律告訴我們：只有思路常新才有出路，只有思路常新才能突破困境，找到正確的方向。成功的喜悅從來都屬於那些思路常新、不落俗套的人們。

美國食品零售大王吉諾．鮑洛奇的一生給我們留下了無數寶貴的商戰傳奇。

十歲那年，鮑洛奇的推銷才幹就顯露了出來。那時，他還是個礦工家庭的窮孩子，他發現來礦區參觀的遊客們喜愛帶走一些當地的東西作紀念，於是，他就揀了許多五顏六色的鐵礦石向遊客兜售，遊客們果然爭相購買。不料，其他的孩子也群起效仿。面對競爭，鮑洛奇靈機一動，把精心挑選的礦石裝進小玻璃瓶中，陽光之下，礦石閃耀著絢麗的光澤，令遊客們愛不釋手，鮑洛奇也乘機將價格提高了一倍。也許正是這個有趣的經歷，使得鮑洛奇對變通銷售與定價有獨到的理解。在整個商業生涯中，他一直保持著靈活變通的思想。

鮑洛奇的公司曾生產一種炒麵。為了給人耳目一新的感覺，他在口味上大動腦筋，以濃烈的義大利調味品將炒麵的味道調得非常刺激，形成了一種獨特的口味。同時，他使用一流的包裝和新穎的廣告展開大規模的宣傳攻勢，打出「炒麵是三餐之後最高雅的享受」的口號，把炒麵暗示成家庭財富和社會地位的象徵。鮑洛奇把注意力主要集中在了大量中等收入的家庭。

他認為，中等收入的家庭一般都講究面子，他們買東西固然希望質優價廉，但只要有特色，哪怕價錢貴一些，他們也會認為物有所值。針對他們的心理，鮑洛奇在包裝和宣傳上花了很多精力。果然不出所料，中等家庭的主婦們皆以選購這種炒麵為榮，儘管鮑洛奇的定價很高，她們依然不覺得貴。

另一方面，鮑洛奇很會揣摩顧客的心理，常常利用較高的價格吸引顧客的注意力。一般，新產品投放市場之初，消費者對這種價格相對高的商品的品質充滿好奇，很容易激發出他們的購買欲。並且，一種產品的定價較高，可以為其他產品的定價騰出靈活的空間，使企業一直佔據主動。當然，這一切都要建立在產品的品質的確不同凡響的基礎上。

有一次，鮑洛奇的公司生產的一種蔬菜罐頭上市。由於別的廠商同類產品的

價格幾乎全在每罐五角錢以下，所以公司的行銷人員建議將價格定在四角七分到四角八分之間，但鮑洛奇卻將價格定在了五角九分，一下提高了百分之二十！

鮑洛奇向銷售人員解釋說，五角錢以下的類似商品已經很多了，顧客們已經感覺不到各種商品之間有什麼區別，並在潛意識裏認為它們都是平庸的商品。如果價格定在四角九分，顧客自然會將之劃入平庸之列，同時還會認為你的價格已盡可能地定高，你已經占盡了便宜，從而生出一種受欺騙的感覺；若將產品價格定在五角以上，顧客就會將其劃入不同凡響的高級貨一類；定價至五角九分，既給人感覺與普通貨的價格有明顯差別，品質也有明顯差別，還給人感覺這是高級貨中不能再低的價格了，從而使顧客覺得廠商很關照他們，進而覺得自己占了便宜。經鮑洛奇這麼一解釋，大家恍然大悟，但還是有些將信將疑。

後來，在實際的銷售中，鮑洛奇掀起了一場大規模促銷行動，口號就是「讓一分利給顧客」，這更加強化了顧客心中覺得占了便宜的感覺，蔬菜罐頭的銷量節節攀升。五角九分的高價非但沒有嚇跑顧客，反倒激起了顧客選購的欲望，公司的行銷人員不得不佩服鮑洛奇善於變通的本事。

成功與失敗之間，幸福與不幸之間，往往只有一步之遙。只要你擁有好的思路，勇敢地面對生活，在征服困境之後，你就能享受勝利的甘甜，成功也將為你敞開大門。

第九章

成功人士的八種心態

1／耐心——工作可以枯燥，你不能浮躁

著名作家羅曼．羅蘭說：「一個人慢慢被時代淘汰的最大原因，不是年齡的增長，而是學習熱情的下降，工作激情的減退。」

工作是實現成功的途徑，但更應該是享受人生的手段。也許一些人會對「享受工作」嗤之以鼻，因爲他們只是把工作當作謀生的手段，一種不得已而爲之的生存方式。在他們眼裏，工作只是負擔、壓力、疲憊，沒有快樂可言。

林肯說：「一些事情人們之所以不去做，只是認爲不可能。而許多不可能，只存在於我們的想像之中。」享受工作也是如此，它的不可能只是一種想像，實際上，完全可以做到。

小周，傳媒專業的本科畢業生，第一天來這家廣告公司上班的時候，她穿著一條洗得發白的牛仔褲，一件純白的棉襯衫，配上一張不施粉黛的臉，看上去只有十八九歲的樣子。她的裝扮給上司留下了不好的印象：連最起碼的著裝都沒學會就來應聘。但令人意想不到的是，她居然被公司留下了。

先入為主的成見註定她和上司之間的相處不會太和睦，但是小周每天依然像快樂的小鳥一樣來上班。上司並沒有派給她多少工作，但她卻很少讓自己閑下來，把辦公室裏裏外外打掃得乾乾淨淨不說，還經常跑到別的科室去幫別的同事打水掃地。

剛開始，她就這樣處理著一些沒有多大意義的瑣碎事情。有幾次，她實在沒什麼事情可做，就小心地問上司有什麼需要她做的。其實，事情有很多，上司手頭需要整理的資料有一大堆，可她不放心交給小周，便對她說：「急什麼，總會有你做的事。不過，那些打水掃地的工作，你也不必去做了，公司裏有勤雜工，你來這兒不會就為了做這些吧。」聽到上司的話，小周的臉紅了，急忙低下頭。

之後的一天早晨，小周在上司的辦公桌上放了一張簡陋的廣告創意，可上司只是拿起來瞄了一眼，就隨手將那張紙丟到了腳邊的垃圾筒裏。小周眼裏是滿滿的失望。

「是你做的嗎？」上司問。

「是的，我做得不好，請您多指點。」

「嗯，下次吧。」

第二天上班時間，一張同樣大小的紙又放在了上司的辦公桌上，這一次比上次略微好些，但離上司的要求還相差甚遠。上司再一次把它丟進了垃圾筒，小周

還是什麼也沒說，就轉身退出了辦公室。

接下來幾天，小周每天上班都會把自己設計的廣告創意放在上司的桌上，每一次都會比前一次有一點兒小小的改進，但總體水準並沒有多大的起色。終於有一天，上司開口了：「其實，你也許沒有發現，你並不適合做廣告這一行，因為你的想法沒有一點創意，幹這一行，沒有創意是很可怕的。」小周的眼淚在眼裏轉了好久，最終還是掉了下來：「謝謝您的指點，我知道了。但我也想對您說，不管我做得多差，每一次都是我努力的結果，而且我也堅信，每一次我都比前一次做得好。這些雖然被您隨意地扔進了垃圾筒，但對於我卻是成長的經歷，我會珍惜它們。」說完，她從背後拿出了那些曾經被上司隨便丟進垃圾筒的廣告創意。

以後，小周再沒有將自己設計的作品放到上司的桌上，在公司裏也沉默了許多。更多的時候，她只緊抿著嘴唇專心地做事，幹好自己分內的事後，她把更多的時間用來看書學習。

有一次，老總派小周的上司去談一筆很大的廣告業務，本來已經成功了，卻在簽約的前一天出了問題。對方忽然打電話來說有另外一家廣告公司的創意更適合他們，所以只好遺憾地終止合作。上司一聽就火了，在電話裏很不客氣地駁斥對方不守信用。小周一直待在她的旁邊，小心地問真的無法挽回了嗎？上司挫敗地說：「沒用了，人家明天就簽約了。」「可是還沒有到明天，說不定還有轉機呢！」小周說。

第二天上班時間，小周沒有像往常一樣出現在辦公室。快要下班時，老總滿面喜色地走了進來，跟在他身後的是滿面春風的小周。老總大聲說：「向大家宣佈一個好消息，我們的小周為公司立下了一個大功。你們可能都沒想到，她居然用自己的作品說服了我們的客戶，為我們拉了一筆大業務。今天中午，我們要為她慶賀一下，做事情要的就是這種精神！」

此後，小周接二連三地拿出好創意，很快就吸引了老總的注意，而排斥她的上司最終只得讓賢辭職。

小周是不浮躁的典型例子。她沒有因爲上司的冷落而忘了自己的職責，而是努力上進，學習進修，最終，付出得到了回報。

任何一種工作都不會像你所想的那樣完美，總免不了會有一些瑕疵。但是，工作可以枯燥，而你不能浮躁。你一旦選擇了這份工作，就要用心去對待它。只有對工作投入和傾心，你才能從中尋找到樂趣和享受，從而掌握自己人生的纖繩和命運。

2／善心——幫助別人也就是幫助自己

《詩經》中曾說：「投我以桃，報之以李。」友善會孕育同樣的友善。當你向對方施以友善的行爲後，能加重對方內心的虧欠感，讓對方更易接受你所提出的觀點和請求，進而推動事情向你想要的結果發展。心理學上將這種禮尚往來的感情交往稱爲互惠原則。互惠原則在生活中的運用數不勝數，它的影響是巨大的，特別是友善，能夠積攢人情，多數人在人情債面前都難以招架。

古語言：「一滴蜂蜜比一加侖膽汁，能捕捉到更多的蒼蠅。」人際關係也是如此。如果你想讓對方按照你的意思辦事，你就要友善地對待對方，並使對方相信你是友善的。對方在接受了你的善意後，心裏會對你產生虧欠感，從而接受你的請求或者觀點，進而走在你爲他鋪設的道路上。

布丹女士曾有過這樣的經歷：她在新罕布什爾州買了套新房子，可她很快就發現，下雨時，她的新房居然漏水！雨水小的時候，影響還不大，但如果雨勢很大，雨水就會滲進房屋底層的水泥地板中，地板由此出現了裂痕；水流進地下室後，還損壞了她的熱水器等多項設備。她對此感到非常憤怒，並知道這應該是承建商沒有在房子附近修理排汙溝導致的。於是，在瞭解到詳情後，她準備找承建商解決問題。儘管她非常憤怒，但在去之前，她仔細地想了一下，最後要求自己要用友善的態度和對方說話，並用理解的心態與對方交談。她知道這種事情光是發火是解決不了問題的。

見到承建商的接待人員後，她語氣平和、態度友善地詢問了公司的建房情況，並適當地表示出了關心，且說自己出差了一段時間，等出差回來才發現雨水淹沒地下室的「小」問題，並提出希望承建商能幫以解決，她會感激不盡。面對布丹女士釋放出的善意，對方也很友善地向她表示了歉意，承認責任在於公司設計的疏忽，並答應會儘快地處理此事。第二天，承建公司便打來電話，通知她公司會賠償她損壞的所有設備，並且會在房子附近修理排汙溝，以免以後再發生類似的事情。

像布丹女士這種房主與承建商之間的矛盾，在當地是很難解決的問題。當同事得知布丹女士輕而易舉地解決了此事情後，都向布丹女士詢問情況。布丹女士說：「雖然從責任角度，這個問題是承包商的失誤引起的，但是如果我不採取友善的態度，即使我再堅持讓對方承擔責任，這件事情也不能這麼順利地解決。」

生活中，每個人都會有生氣憤怒的時候，當你向那個令你憤怒的人發火、謾罵或者訓斥時，你認爲對方會替你分擔你的痛苦嗎？當你帶著那充滿仇恨的目光，用充滿火藥味的語氣、聲調對待對方時，你認爲對方會因此而產生自責心理嗎？當你雙手緊緊地握著拳頭尋找對方時，你認爲你想解決的事情會按照你想要的結果得到解決嗎？

俗話說「和氣生財」，只有那些真正懂得友善的人，才能獲得更高的辦事效率，才能在更多方面獲得成功。所以，生活中不妨時時向他人施以友善的感情，這樣可以使其在虧欠心理的影響下受你所使，爲你所用。

3／靜心──開口抱怨前，請把你的「煩」消化掉大半

「煩」，本不是什麼新的情緒。不開心的煩惱，不舒心時的煩悶，對每個人而言，早已是司空見慣的平常事。但是，「舊煩」與「新煩」之間還是有不同之處的。

過去，人們「煩」的時候是找知心朋友訴訴苦、解解悶。今天，「煩」的人們不僅「煩」，還不「耐煩」，在不開心、不舒服的同時，心也靜不下來；他們不只是煩惱、煩悶，而且煩躁。對他們而言，與其說「煩」是一種有待完全擺脫的消極情緒，不如說「煩」是一種有幾分無奈也有幾分得意的生存狀態和生活方式。

一些人的「煩」是一種現代文明病，是抒情的思想、浪漫的夢幻和溫和的心境被無情的、不斷變化的現實打碎之後而產生的一種憤世嫉俗、走投無路的情緒狀態。這種人無法控制自我，容易心緒不寧，因而難以成事。

無論做什麼事，心煩意亂之下是難有所作爲的。

所以，爲了不「煩」，我們要「耐煩」一些，靜下心來，正確地認識自己，先把「煩」

消化掉大半，再以一種「耐煩」的方式開口抱怨。

第一，學會完全主宰自己

控制自己的情緒，要經過一個嶄新的思考過程。這個思考過程並不容易，因爲，在我們生活中有許多力量試圖破壞個人的特性，使我們從孩童時候一直到成人都相信自己有無法克服的情緒，無法克服這些情緒就只好接受它們。在這裏要強調的是：你必須相信自己能夠在一生中的任何時刻，都按照自己選定的方法去認識事物，只有這樣，你才能做到主宰自己。

第二，善於為自己的情緒尋得適當表現的機會

有的人在激動的時候會去做些需要體能的活動或運動，這可使因緊張而動員起來的「能」獲得一條出路；有的人在情緒不安的時候會去找要好的朋友談談，傾吐胸中的抑鬱，把話說出來以後，心情就會平靜許多；還有的人借觀光遊覽來使自己離開那容易引起激動的環境，避免心理上的紛擾，等到旅遊歸來，心情不復緊張，同時事過境遷，原有的問題或許已變得微不足道，你也就不必再爲之煩心了。

第三，進行獨立思考

你的情緒又來自你的思考，那就可以說，你是能夠控制自己的情緒的。這樣看來，你認爲是某些人或事給你帶來悲傷、沮喪、憤怒、煩惱和憂慮，這種想法可能是不正確的。你完全可以改變自己的思想，選擇自己的感情，新的思考和情緒就可以隨之產生。一個健全和自由的人總是不斷地學習用不同的方式處理問題，這樣才能使你學會主宰自己。

假如你是樂觀的人，你就能夠找到控制自己情緒的方法，而且每時每刻都能爲值得去做的事而生活著，這樣的你才是個聰明人。能夠順利地解決問題，當然能爲你的幸福增添光彩；但即使你無法解決某個特別的問題，樂觀的、充滿信心的你其實已將自己的情感穩操在手。能夠爲自己的選擇感到幸福時，你的情緒一定是穩定的、真實的。

能掌握自己情感的人是不會垮掉的，因爲他們能夠主宰自己，控制自己的情緒。他們懂得如何在失意中尋找快樂，懂得如何對待生活中出現的任何問題。在這裏沒有說「解決」問題，因爲聰明人不以解決問題的能力來衡量自己是否聰明，而是看自己能否不受情緒的影響，理智地對待問題。

第四，學會宣洩壓抑和鬱悶

或許我們都曾有過下面的經歷：經常莫名地緊張、害怕、心慌、發抖、頭暈，有時腦子裏一片空白，覺得自己活得很累，常常想到死。其實，這就是非常嚴重的抑鬱狀態。

那麼，怎樣排解這種焦慮、壓抑呢？

1.可以向心理醫生或自己信任的親朋好友傾訴內心的痛苦，也可以用寫日記、寫信的方

式宣洩，或選擇適當的場合痛哭、呼喊。

2.焦慮是人面臨應激狀態下的一種正常反應，要以平常心對待，順應自然，接納自己，接納現實，在煩惱和痛苦中尋求戰勝自我的理念。

3.在心理醫師的指導下訓練，可以做自我放鬆訓練。

4.無論學習還是工作，沒有目標就會茫然不知所措。目標確立要適度，可以根據人生不同發展階段確立目標。

5.回憶或講述自己最成功的事，可以引起愉快情緒，忘掉不愉快的事，消除緊張、壓抑的情緒。

6.研究表明，音樂能影響人的情緒、行爲和生理功能，不同節奏的音樂能使人放鬆，具有鎮靜、鎮痛作用。

7.多參加集體活動，如郊遊、植樹、講座、大學生社團活動等，在集體活動中發揮自己的專長優勢，增加人際交往。和諧的人際關係會使人獲得更多的心理支持，緩解緊張、焦慮的情緒。學會宣洩焦慮、壓抑，我們的心理才能變得輕鬆。

8.保持幽默感。我們應該活得輕鬆些，尤其當自己身處逆境時，更要學會超脫。所謂「來日方長」，要看到生活好的一面，這樣才能無憂無慮、自得輕鬆。

9.對人禮貌。你對別人施之以禮，別人也會對你以禮相待，這也就是所謂的「將心比心」，這有助於緩衝你的精神緊張。有時，一聲「謝謝」、一個微笑或一次過路禮讓，都能使你感到受歡迎。記住，別人對待你的態度在一定程度上反映了你的自我形象。

10.要自信。這裏所說的自信不是狂妄自大，也不是自以爲是，而是要學會自我控制。如果只指望他人把事情辦好，或坐等他人把事辦好，就可能使你處於被動地位，也可能讓你成爲環境的犧牲品。因此，辦任何事情，首先要相信自己、依靠自己，不要將希望寄託於別人，否則，你將坐失良機，從而產生懊喪心理，這樣更會加重精神的緊張。

11.當機立斷。死守著一個毫無希望的目標，不論是對你自己，還是對周圍的人，都會增加心理壓力和精神緊張。一個聰明人一旦決定完成某項任務，就會馬上做出決斷並付諸行動；而當他發現已做的決定是錯誤的時候，他會立即另謀辦法。優柔寡斷，一拖再拖，只會加重精神負擔。

12.學會處世的道理。我們都是同樣的人，別人碰上的事情你有一天也可能會碰上。生活的道路不會總是平坦的。與周圍的人建立友誼，可以增加來自外界的支持和幫助，從而減輕精神緊張。不要害怕擴大你的社會影響，這有助於你尋找應付緊急事件的新管道。

13.努力改進人際關係。建立良好的人際關係，以幫助你事業成功，減少挫折，這對於保持良好的競技狀態十分重要。我們不需要那種只會教訓人「給我聽著，你該怎樣做」的朋友，我們生活中所需的是鼓勵我們進行創造性思維，以及能夠支持我們走向成功之路的朋友。主動虛心聽取別人的意見，善於安排時間，是改進人際關係的重要方法之一。

14.宣洩、抒發。經常處於精神緊張狀態，累加起來，可能會吞噬掉我們健康的機體。我們需要對人訴說自己的感受，哪怕這樣做改變不了什麼。向誰訴說，取決於想要說的內容，必須選擇合適的訴說對象。記住，絕對不要將不愉快的事情隱藏在自己的心裏。

15.以仁待人。當別人身處困境時應樂於助人。在這種時刻，他們最需要你去傾聽他們的訴說，需要你給予說明。俗話說，善有善報，如果你有朝一日也陷入某種危機，如果對方是一位真誠的朋友，他也一定會來幫助你的。

16.不傳閒話。傳閒話會招來仇恨和互相猜忌，也容易使你失去朋友。當你向某人傳閒話時，他會猜想你是否也說過他的閒話。生活中已經有許多事需要你去應付了，實在犯不著背個「小廣播」的名聲去費唇舌，給自己添麻煩。

17.靈活一些。我們要完成一件工作，可能有許多方法，你自己的方法不一定是最好的，或者雖然是最好的方法，但不一定行得通。如果你總認爲事事都必須按自己的想法去做，那麼當事情不按你的想法發展時，你就會煩惱生氣。其實，你的目標只應是把事情辦成，至於方法，不必拘於某一種。

18.衣著整潔。衣服穿得整潔與否，象徵著你是否尊重別人，當然，也象徵著你是否自尊自重。衣著不僅能顯示你是男性還是女性，還能爲你的自身價値和重要性提供一種保證。

4／寬心——得理也要讓三分

「徑路窄處，留一步與人行；滋味濃時，減三分讓人嘗。」這句話旨在說明謙讓的美德。在道路狹窄之處，應該停下來讓別人先行一步。只要心中經常有這種想法，你的人生定會快樂祥和。

中國自古以來就是禮儀之邦，謙和、禮讓更是中華民族的美德。路留一步，味留三分，提倡的是一種謹慎的利世濟人的生活方式。

生活中，除了原則問題須堅持外，對小事互相謙讓能使個人的身心保持愉快。

清代康熙年間，人稱「張宰相」的張英與一個姓葉的侍郎，兩家毗鄰而居。葉家重建府第，將兩家公共的弄牆拆去並侵佔三尺，張家自然不服，由此引起了爭端。張家立即發雞毛信給京城的張英，要求他出面干預。張英卻作詩一首：「千里家書只為牆，再讓三尺又何妨？萬里長城今猶在，不見當年秦始皇。」張

老夫人看見詩即命退後三尺築牆，而葉家為了表示敬意，也退後三尺。這樣，兩家之間即由從前三尺巷形成了六尺巷，被百姓傳為佳話。

凡事讓步表面上看來是吃虧，但實際上由此獲得的收益要比你失去的多。這正是一種成熟的、以退爲進的明智做法。

謙讓可以化解矛盾，免去不必要的紛爭，讓對手變手足，讓仇人變兄弟。

得理不讓人，讓對方走投無路，有可能激起對方「求生」的意志，進而使對方「不擇手段」，這對你自己將造成傷害。好比將老鼠關在房間內，不讓其逃出，老鼠爲了求生，會咬壞你家中的器物。若能放牠一條生路，牠便不會對你的利益造成破壞。對方「無理」，自知理虧，你在「理」字已明之下，放他一條生路，他會心存感激，來日自當圖報。就算不會如此，也不太可能再度與你爲敵。這就是人性。

若你只知一味爭搶，不僅會傷害對方，也有可能連帶地傷害他的家人，甚至毀掉對方一生的幸福，這未免有失做人的德性。得理讓人，不僅是一種美德，更是一種精神的財富。

世界很大也很小，地球是圓的，山不轉水轉，後會有期的事情常有發生。你今天得理不讓人，他日你們二人狹路相逢，若那時他處於優勢，你處於劣勢，你就有可能吃虧。「得理讓人」，也是爲自己留後路，正所謂「人情翻覆似波瀾」。

今日的朋友，也許會成爲明日的仇敵；今天的對手，也可能成爲明天的朋友。世事一如崎嶇道路，困難重重，因此，走不過的地方不妨退一步，忍一時風平浪靜，退一步海闊天空。

「若想在困難時得到援助，就應在平時寬以待人。」包容、接納、團結更多的人，在順利的時候共同奮鬥，在困難的時候患難與共，這將爲你增加成功的能量，創造更多的成功機會；反之，則會使大家疏遠你，在你成功的道路上人爲地增加阻力。

5／虛心——通往成功、贏得尊重的必修課

你可以有自己的高標追求、高標處世之風，但低調做人，學會謙遜，不炫耀自己的優勢，你才可能像一棵樹一樣，用根系從更低、更深處吸取養料，讓樹莖和樹冠向更高、更輝煌的地方延伸。相反，若根基不穩，縱使樹冠再枝繁葉茂，只要有風吹雨打，你這棵樹就會搖搖欲墜，無法立足。

美國總統柯立芝以謙遜聞名。在阿默斯特大學的最後一年，他獲得了一枚金質獎章，它是由美國歷史學會頒發的最高榮譽。這在全美國來說都是人人欣羨的，可他沒有向任何人炫耀，甚至連自己的父母都沒有說。畢業後，聘用他的裁判官伏爾特無意中從以前的一份雜誌發現了這一記載，這使他對柯立芝倍加讚賞與青睞，不久便給了他一個很重要的職位。

從一名小小的職員一直成長爲著名的總統，柯立芝一直以這種虛心謙遜的風貌出現在大眾面前。

下面一件事，從表面上看與柯立芝謙遜的美德相反，但仔細分析，其實質仍是出於謙遜。在柯立芝進行麻塞諸塞州州議員連任競選的時候，在進行投票的前一晚，他將一個小而黑的手提袋包裝好，急步向雷桑波頓車站走去，因爲他忽然得到了州議會議長一席空缺的消息。兩天以後，他從波士頓歸來，而他那小而黑的手提袋裏已裝滿了多數議員贊同他爲州議會議長候選人的簽名。試想，如果不是柯立芝平時謙遜待人，博得了大家的好感，又怎麼能這麼輕易就拿到那些人的簽名呢？

另一個以謙遜聞名於世的人，就是美國南北戰爭時期南方聯盟的戰將傑克遜。傑克遜指揮石城戰役取得了勝利，但他並不居功自傲，而是一再強調功勞屬於全體官兵。在墨西哥戰鬥中，總司令斯哥托對他的指揮能力予以了極高的評價，而傑克遜從未向別人炫耀過這件事。

不過，傑克遜並不是視功名如糞土，從墨西哥戰爭開始時他給他姐姐的一封信中便可以看出，他有著樹立聲譽、博得大眾注目的計畫。因為那個時候，他只是一個徒有其名的副官。在他後來的事業進程中，這位勇敢、謙遜且聰明過人的人，機智地運用了他向上進取的每一計畫，使斯哥托將軍對他好感倍增，在他的手下，傑克遜得到了不斷的提升。

只有目光短淺、胸無大志的人才會時時標榜自己做了什麼，得到了什麼，如傑克遜、柯立芝這般偉大的人物卻能超脫於這種淺薄的虛榮之外。他們深知，人們所樂意接受和尊敬的是謙遜的人。

法國資產階級啓蒙思想家孟德斯鳩說過：「謙遜是不可缺少的品德。」一個有功績而又十分謙遜的人，他的身價定會倍增。

當然，對於謙遜，我們還要指出的一點是：在這個現實的世界，如果沒有人知道，再好的道德和才能也是白費，這就是所謂「酒香也怕巷子深」。所以，過度的謙遜並不可取。謙遜應當有度，要適時地與自我標識相結合，這才是一個人獲得成功的藝術。

6／信心——不要刻意模仿別人，你就是最棒的

我們應該慶幸，我們是這個世界上獨一無二的個體，我們有著其他人不具備的天賦和能力，所以，我們完全沒有必要去羨慕別人、嫉妒別人，更沒有必要去模仿別人。

虛榮心理的產生是某些缺乏自信、自卑感強烈的人進行自我心理調適卻誤入歧途的一種結果。

那些缺乏自信、自卑感較強的人，爲了緩解或擺脫內心存在的自慚形穢的焦慮和壓力，試圖採用各種方式來進行自我心理調適，其中一個最直接的方法就是模仿別人，以縮小自己與別人的差距，進而贏得別人對自己的重視和尊敬。

春秋時代，越國的美女西施，其容貌傾國傾城，無論是她的舉手投足，還是她的音容笑貌，樣樣都惹人喜愛。西施略施淡妝，衣著樸素，走到哪裏，都有很多人向她行注目禮，沒有人不驚歎於她的美貌。

西施患有心口疼的毛病。有一天，她的病又犯了，只見她手捂胸口，雙眉皺起，流露出一種嬌媚柔弱的女性美。當她從鄉間走過，鄉里人無不睜大眼睛注視著。

鄉下有一個醜女子，名叫東施，不僅相貌難看，而且沒有修養。她平時動作粗俗，說話大聲大氣，卻一天到晚做著當美女的夢。今天穿這樣的衣服，明天梳那樣的髮式，卻仍然沒有一個人說她漂亮。

這一天，她看到西施捂著胸口、皺著雙眉的樣子竟博得了這麼多人的注目，回去以後，她便也學著西施的樣子，手捂胸口，緊皺眉頭，在村裏走來走去。哪知，這醜女的矯揉造作使她原本就醜陋的樣子變得更難看了，人們見了這個怪模怪樣的醜女人，簡直像見了瘟神一般，紛紛躲開。

每個人都有不同的特質。東施效顰之所以醜，就是因爲東施把別人的特質生硬地搬到了自己的身上。或許東施本來不醜，但她扭曲了自己的個性，硬學西施的樣子，終於搞成了一個什麼都不是的醜八怪。所以，請尊重上蒼給你的才能，那才是適合你的，一味地模仿只會徒增煩惱。

要相信自己就是最棒的，敢於展示真實的自己，而不是刻意地去模仿別人。也許你沒有漂亮的臉蛋，但是你有優美的嗓音；也許你沒有窈窕的身材，但是你有一顆善良的心。總之，你是獨一無二的，是無可替代的，這才是只屬於你的美麗。

每個人的個性、形象、人格都有其潛在的創造性，根本沒有必要去模仿他人。卡內基有一句名言是：「整日裝在別人套子裏的人，終究有一天會發現，自己已變得面目全非！」的確，一味地模仿別人，最終只會失去自己，得不償失。

7／開心——樂觀的態度讓人充滿能量

在快樂之人的眼睛裏，世界是五光十色的。對於想要做的事情，他們只有向前去做的直率，而沒有瞻前顧後的憂慮。不必要的煩惱少了，自然更能夠看清前進的道路，想出取得勝利的最佳方法。

有一群年輕人生活安逸，遊手好閒，沒有什麼負擔，卻總是覺得不快樂。他們總覺得有這樣或者那樣的煩惱，於是約定不再過這樣的日子，要一起去尋找快樂。

途中，他們遇到了大哲人蘇格拉底。他們向蘇格拉底詢問：「請問快樂到底在哪裏呢？」

蘇格拉底回答：「告訴你們快樂在哪裏之前，你們要先幫我造一條船，待到船造好之日，就是你們得到答案之時。」

為了尋找快樂，幾個年輕人欣然同意了。他們商量好造船的每一個步驟，並且緊鑼密鼓地開始動工。他們辛苦地上山尋找造船的木料，終於找到了一棵合適的大樹。大家齊心協力將大樹砍倒，又費勁地將樹心掏空，打算做一艘獨木舟。為了曲線的完美和船表面的光滑，他們進行了精心的打磨，耗去了七七四十九天時間。最後，美麗的獨木舟終於完成了。

年輕人請來蘇格拉底，與他一起將船放下水，以檢驗他們的勞動成果。在船上，大家齊心搖槳，還唱起了動聽的歌謠。這時，蘇格拉底微笑著問他們：「孩子們，你們現在快樂嗎？」

這群年輕人不假思索地齊聲答道：「快樂極了！」

蘇格拉底說：「這其實就是快樂在何方的真正答案。當你專心地做一件事時，快樂就已然造訪了。」

我們經常會感慨：「快樂的時光總是短暫的。」感慨的時候不免遺憾萬千。但是如果把這句話換個角度來理解，或許就能夠把遺憾變成滿足。正因爲太過專注地做某件事情，所以會覺得時間過得很快，而在這個專注的過程中，快樂的感覺油然而生。

就像故事中的那群年輕人，整天有大把閒暇時光，卻無法體會到快樂，因爲他們無所事事，沒有專注，沒有付出，也沒有期待，所以不但覺得時間過得很慢，還很無聊。而當他們真正投入地去做那只獨木舟的時候，雖然沒有刻意強調需要快樂，但滿腦子只是想著如何更

好地完成這件事，沒有時間無聊，沒有時間抱怨，快樂自然隨之而來。

有「幼教之母」之稱的蒙特梭利在少女時代的很長一段時間內都是不快樂的，因為她想做的事情沒有一個人支持她，前方困難重重，而理想則縹緲無影，父親甚至因為她的「叛逆」而要同她決裂。

有一次，蒙特梭利悶悶不樂地在公園裏走著，迎面見到了一個乞討的老婦人，帶著一個兩三歲模樣的小女孩。她們衣衫襤褸、潦倒不堪，老婦人更是神情疲憊，臉上滿是絕望。可是在小女孩的臉上卻看不到任何不快的表情，相反，她很投入地在玩著手上的一張彩色紙片，微笑著，滿臉的幸福。

正是這張笑臉讓蒙特梭利大有感觸，她更加堅定了自己的理想和信念，並且以專注的心去追尋，不再難過，也不再為暫時的困境而煩惱。因為她發現，一張彩色的紙片居然能讓一個吃不飽穿不暖的小女孩忘掉這些心酸而快樂地微笑，快樂地生活原來是如此簡單。

熊熊和阿寶是一對年齡相仿的小夥伴，上同一所幼稚園的同一班，家又在樓上樓下，這使得兩個孩子成了很好的朋友，每天一起上幼稚園，一起放學，有好吃的東西也不忘同對方分享。

一天傍晚，熊熊急著要去找阿寶玩，想要把爸爸出差帶回來的好東西與阿寶分享。兩個孩子在院子裏的大樹下嬉鬧，他們的媽媽站在不遠處聊天。

過了一會兒，突然傳來孩子的哭聲。兩個母親慌忙跑過去，只見熊熊倒在地上，臉上正在流血。熊熊媽急了，大聲問：「怎麼回事？到底怎麼弄的？」

熊熊一邊哭，一邊斷斷續續地說：「我們在玩摔跤，不小心……」沒等孩子說完，熊熊媽立刻將目光轉向阿寶，凶巴巴地質問道：「是你推倒他的嗎？肯定是你，這裏沒有別人，你怎麼一點兒也不懂事？」

阿寶看到熊熊媽一臉凶相，嚇得不敢說話。阿寶媽不樂意了，將阿寶摟在身後，同熊熊媽吵了起來。

兩個大人一個比一個凶，她們甚至沒有發現身旁的兩個孩子已然忘記了前面的小傷痛，繼續開心地玩了起來。童真的笑聲打斷了大人的爭吵，兩位母親面面相覷，尷尬地站在那裏。

糟糕的事情發生的時候，成年人總是會往壞的方面想，並把這種「壞」無限地擴大，以至於將整個事情都蒙上陰影。就像每當傳來飛機失事的消息，就會有很多人驚恐地質疑飛機這個最快速便捷的交通工具到底有幾分安全性。

大事往往會以一種極端的方式出現，要麼就是極端正面，要麼就是極端負面。如果在極

端正面的時候獲得了快樂，人們就會誤認爲快樂只能建立在那種極端的大事之上，從而忽略了每一件小事。

曾經有一位心理學家做過這樣一個實驗：他找來了幾十名不同年齡、不同職業的參與者，讓他們用六周的時間認真觀察自己的心情。在實驗期間，每個人身上都要佩帶一個呼叫器，如果他們感到快樂，就對著呼叫器說出來，而且要描述當時自己有多快樂。

六個星期過後，心理學家分析了實驗結果，最後發現，相比較一個非常大的快樂來說，人們更中意那種一次又一次來臨的小快樂、小驚喜。也就是說，很多人希望的是感受快樂的次數越多越好。

然而，人總是比較容易記住「不一般」的事情，而忽略或遺忘掉一些平凡的事。而那些悲傷、失意、痛苦的事情又都像是被貼上了「不一般」的標籤，讓人無法忘懷，所以我們時常覺得不快樂，也時常覺得需要去快樂。

煩惱、抱怨、自卑，這些讓人不愉快的詞語在某些時候會像一塊灰色的布一樣蒙住我們的雙眼，讓我們失去對事物最準確的判斷，從而跌入反覆苦惱的惡性循環當中。

但快樂不一樣，它就像沉沉黑暗裏的一道曙光，會讓人變得耳聰目明，充滿能量。

8／明心——改善心靈的八大心識方法

轉念改變想法，遠離憂傷的感受，釋放負面的記憶，種植善念，淨化心靈等，可以歸納出改善情緒的八大心識方法，從而更好地獲得幸福。

1.正反轉三思

山不轉路轉，路不轉人轉，人不轉心轉。

正反轉三思，顧名思義就是正向思考、反向思考及轉向思考的總稱，它是一種積極改變人們內心想法的有效策略，是應用想識思考改變內心藏識的想法和認知。比如，對憤怒的事物，我們可以重新詮釋，改變解讀；對委屈的事及不合理的事，可以重新將之合理化；對討厭怨恨的人，可以改變自己對他的觀點；對價值觀、滿足度可以重新定義，重新調整預期心。

第一，改變想法策略。

應用正反轉三思策略，即從正面、積極的方面思考，或向相反方向作逆向思考，亦可換位進行轉方向思考，即所謂人不轉我轉，我不轉心轉。

一位喜歡賭馬的人，因爲丟掉了比賽用的寶馬，內心很痛苦。

假使他能夠從正面去思考，就會覺得「丟馬其實只是意外，沒有人能永遠擁有這匹馬，再傷心煩惱也沒有用」；

再假設他進行反方向的逆向思考，就會覺得「沒有馬也好，那樣我以後就不用再賭馬了，也就不會再有機會把錢賭輸給別人了。細細想來，就算我能把馬兒找回來，以後賽馬時萬一不小心從馬上跌下來、跌傷了、摔斷腿……更得不償失」；

假設他轉個方向去換位思考，就會認爲「緣由天定，此馬丟了，或許我可以再買一匹更好的馬，舊的不去，新的不來」，這樣心裏就會釋然許多。

又比如，某人遭遇親人病故、親人離散，非常傷心痛苦，但是誰都明白傷心無用，只能節哀順變。爲了幫其釋懷，我們可以引導他作如下思考。

首先，站在他的立場上作正面的積極思考——老人家的一生是磊落的一生、幸運的一生，我們誰也沒想到老人家會走得這麼快、這麼急。可是生老病死，本爲常事，再美好的人生也不可能永遠保證親人能不離不散，再說「人死不能復生」，再傷心也沒有用，自己的日子還要繼續過，一起想一想如何完成老人家的遺願才是關鍵。

其次，再從反方向進行逆向思考——老人病故了，他終於從病痛中解脫了，再也沒有痛苦、沒有煩惱了。所以，我們應從內心去祝福他，爲他禱告。

最後，站在換位的立場去引導他進行轉向思考——爲了不再增加家庭的負擔，老人家選擇了這條路，也真是苦了他了。我們應該化悲痛爲力量，繼續他以前未能完成的工作，努力奮鬥，幫助老人家實現他的心願。

同樣，離婚、失戀、單相思、失業等痛苦的事情，我們也可以朝積極方向進行思考。

第二，人不轉心轉。

很多時候，我們很難改變別人的觀念和決定，沒有辦法弄走他，自己又不願離開，那就只有設法改變自己的心態了。

第三，改變認知，重新詮釋，重新解讀，重新定義。

日常生活中，我們所接觸的很多已經被定義了的事物，事實上其定義也許不一定是積極的、準確的、理想的。爲了改變我們的「藏識認知」，可以重新將「被嘲笑、被誹謗、被罵、被侮辱……」的事情進行再定義，再生新的詮釋內容。

第四，改變心態。

心態是內心藏識的態度，對人、事、物想法看法的狀態。改變心態，就是應用想識改變思維，通過思考改變內心的觀點、態度，例如將悲觀的心態、消極的態度改變爲積極的態度。

2.釋放負面認知

日常生活中，人們難免會有一些憂慮、擔心等負面記憶存在，而這些負面的記憶長期積壓之後，就會形成壓力。

特別是對於一些不平之事的想法、受屈受辱的記憶……壓抑得太久，往往會對心靈造成創傷，所以應當設法把它們從心中釋放出來。

那麼，如何釋放呢？

我們可以站在高山上大聲吼叫，或者找一個沒有人的地方痛痛快快地大哭一場，抑或清醒地摔些無關緊要的東西。在日本、美國、韓國等國家，有人聰明地註冊了一些專供人們「發洩」的出氣公司，他們會花小錢買來一些廉價的模特兒、道具等商品，供要發洩的人摔打、報復，然後再收取費用。

3.遠離感受環境

遠離感受，其實就是離開負面的生活環境，主動選擇感受有效資訊，遠離或避免負面的刺激。生活中，要想管理好自己的情緒，就不要主動去感受過多的負面環境，要善於斷絕負面情緒資訊的來源。不看某些事情，我們就可以「眼不見為淨」；不聽某些事情，我們就可以當自己「不知道就沒事了」。

事實上，凡事均可以改變情境，感受不同情境可以讓我們避免觸景傷情。你可以選擇正面而有益的情緒資訊，或者播種有利的想法、觀念、行爲，或者選擇感受積極的資訊，避免吸收負面的資訊，從而達到穩定情緒的目的。

那麼，我們應該如何選擇正確的資訊呢？

第一，離開現場，避免受刺激。

爭論吵架時，人們總是互相刺激，雙方急於辯解，急於反駁，臉上的表情、肢體動作互相感染，結果越爭越氣。最好的方法是先離開一陣，進行「冷處理」，比如倒杯茶、喝點水、上洗手間等，讓感識不再繼續被刺激。勸說不動對方，對方不轉變，就自己先轉變。

第二，遠離傷心之地，避免觸景傷情。

遭遇失意、失戀時，容易觸景傷情。此時，應改變環境，離開傷心的地方，通過轉換不同的環境，不同的人、事、物，來避免繼續受到同樣的刺激。因此，失戀時，你可以外出旅遊，不僅能夠陶醉於美麗的大自然，使自己心曠神怡，還能舒解心中不愉快的情緒意念。

4. 播種善念

心中的每一種想法、每一種觀念，就像是不同品種的種子，我們種下什麼種子，就會結出與種子相同屬性的果實。也就是說，如果我們的心中有愛，那麼，覺識就會產生出「愛的情緒覺知」；如果我們心中想的是憤恨，就會產生出某種「恨的情緒」。

所以，要想保持較好的情緒，就要儲存好的觀念和想法，種善因才能得善果。情緒管理

就是要多播種善因，即播種善念，培養好的觀念和想法，這樣自然會產生好的情緒之果。

在生活與工作中，多做一些有功德的好事，多播種善因，在心中多儲存一些好的記憶，讓正面的、積極的、可成功發芽、能開花結果的種子深埋在你的內心深處。因爲有風度、有學識、有好的心態、有善的記憶，所以藏識散發出來的心念也是善的、正面的覺知和正面的情緒。

5.淨化心靈

內心沒有煩惱的想法，就不會有憂慮的事情，覺識就不會有憂愁的情緒；內心沒有不平事或沒有怨恨的想法，覺識就不會有生氣的感覺。

我們之所以會感到憤怒或怨恨，是因爲我們的內心有太多的貪念、無窮的欲望……如果內心的某些欲望未達到，就會產生挫折失望的痛苦。

內心執著、有成見、主觀，猶如鏡子染塵，反映的影像會失真。我們內心的執著，如果不是擇善而固執，一旦固執自有的主觀「成見」，內心的覺識就會依照主觀覺識產生想不開、看不清、聽不明的困境，這就是「困擾」形成的原因。

6.心靈充電

工作時間長了，會感受疲憊；事情不順心，會感覺壓力大，不論體力、心力都有種無力感。此時，你需要給心靈充電。爲心靈充電，可以放鬆心情，舒緩緊張情緒。

7. 靜心

靜心可以使急躁的心念沉澱下來，使煩躁的情緒安靜下來，更可以啓發靈感，產生頓悟，發揮潛能。這部分在情緒控制中至關重要。

靜坐——

坐在椅子上、床上或轎車裏，隨時可以閉目養神，甚至打瞌睡。坐前，將頭擺正，手平放在腿上，坐直坐穩，身體不要搖動，調整呼吸，將呼吸拉長變慢，意想從頭部往下放輕鬆，放輕鬆，再放輕鬆，心自然就靜下來了。

立靜——

雙腳平行站穩，頭擺正，身站直，手扶柱子（如無柱子就平放於兩腿外側），站穩使身體不搖動。如站在公車上，車子振動，也要像高樓的避震器一樣保持平衡。注意呼吸，從頭部、眼皮、嘴唇、雙眉、手臂、手掌、手指逐步放鬆，放鬆，慢慢就進入了冷靜朦朧的休息狀態。

臥休——

平躺在床上，手腳自然平放，不用意志力控制，不要有壓迫感，如有不舒服之處，用手輕撫。調好姿勢之後，調呼吸，放輕鬆，心就會平靜下來。開始之後即使再有不舒服，或手癢、腳癢、頭癢也不要理它，不要再動，意識自然往下沉，進入超覺之境。

8.信仰

把問題與自己的責任、身上的使命、未來的偉大事業等一比較，你就會發現，自己根本沒有時間去計較那些身邊的小事。很多有信仰的朋友通過祈禱、禱告，把內心的煩惱交給自己的信仰，釋放內心負面的情緒，將內心矛盾衝突的想法發洩出來，從而解決情緒的問題。

別讓心態害了你 玩一場扭轉局勢的腦筋急轉彎

編　　者：章岩
發 行 人：陳曉林
出 版 所：風雲時代出版股份有限公司
地　　址：105台北市民生東路五段178號7樓之3
風雲書網：http://www.eastbooks.com.tw
官方部落格：http://eastbooks.pixnet.net/blog
Facebook：http://www.facebook.com/h7560949
信　　箱：h7560949@ms15.hinet.net
郵撥帳號：12043291
服務專線：(02)27560949
傳眞專線：(02)27653799
執行主編：劉宇青
美術編輯：吳宗潔

法律顧問：永然法律事務所　　李永然律師
　　　　　北辰著作權事務所　蕭雄淋律師
版權授權：馬峰
初版日期：2017年1月

ISBN：978-986-352-426-7

總 經 銷：成信文化事業股份有限公司
地　　址：新北市新店區中正路四維巷二弄2號4樓
電　　話：(02)2219-2080

行政院新聞局局版台業字第3595號
營利事業統一編號22759935

定 價：280元

國 家 圖 書 館 出 版 品 預 行 編 目 資 料

別讓心態害了你 / 章岩著. — 初版. — 臺北市：風雲時代, 2016.12
面；　公分
ISBN 978-986-352-426-7(平裝)

1.成功法 2.生活指導
177.2　　　　105021005